DEUXIÈME ÉDITION.

AUGUSTE CHIRAC

LA

HAUTE BANQUE

ET LES

RÉVOLUTIONS

« Les financiers soutiennent l'Etat,
comme la corde soutient le pendu. »
MONTESQUIEU.

PARIS

AMYOT, LIBRAIRE-ÉDITEUR

8, RUE DE LA PAIX, 8

LA
HAUTE BANQUE

ET LES

RÉVOLUTIONS

PARIS. — IMPRIMERIE ARNOUS DE RIVIÈRE ET Cᶜ,

26, rue Racine, 26.

AUGUSTE CHIRAC

LA

HAUTE BANQUE

ET LES

RÉVOLUTIONS

« Les financiers soutiennent l'État,
« comme la corde soutient le pendu. »
MONTESQUIEU.

2ᵉ ÉDITION

PARIS

AMYOT, LIBRAIRE-ÉDITEUR

8, RUE DE LA PAIX, 8

SOMMAIRE

LE POINT DE DÉPART.

LA MARCHE ASCENDANTE.

LE POINT D'ARRIVÉE.

LE

POINT DE DÉPART

I

LES RÉVOLUTIONNAIRES

Depuis 1789, les gens de finances ont
mis à la mode une série de plaintes, toujours les mêmes, du reste, au sujet « de
« l'esprit révolutionnaire, des progrès de
« la révolution, de la perversité du peuple,
« de ses aspirations au pillage et au dés-
« ordre. »

C'est pour répondre à ces plaintes que ce livre a été écrit.

C'est, surtout, pour démontrer, avec les preuves à la main, aux susdits gens de finances :

Que les révolutionnaires, les pervers, les pillards et les perturbateurs, *ce sont eux, et eux seuls !*

Ceci a l'air d'un paradoxe.

Et cependant l'histoire, inexorable dans ses déductions, fait de ce paradoxe une vérité absolue.

Ce livre est donc *une histoire.*

Comme tel, il ne contient aucun fait qui ne soit matériellement exact.

Et j'ai cette conviction, que la thèse dont il contient le développement surprendra beaucoup moins messieurs les financiers que vous-même, lecteur, qui êtes accoutumé depuis si longtemps à voir en eux les *conservateurs* par excellence.

II

PRÉMISSES

Un gouvernement n'est jamais autre chose qu'une collection d'hommes qui *sont faits* ou *se font* les gérants de la fortune publique.

Selon que ces gérants échappent à tout contrôle par leur toute-puissance, ou, au contraire, y sont strictement soumis par l'origine de leur mandat, la fortune publique circule pour se répandre et croître dans la masse par l'individu, ou au contraire circule pour s'accumuler et croître chez quelques individus contre la masse.

Sous l'ancienne autocratie, le vassal *redevait* au seigneur :

C'était le prestige qui donnait la force.

Sous la démocratie moderne, l'unité s'absorbe dans la dizaine :

Et c'est la force qui donne le prestige.

Or tout : force et prestige, se résume aujourd'hui dans un mot :

L'accaparement systématique du signe représentatif de l'échange :

La monnaie.

III

SIMPLE APERÇU

Il y a cent cinquante ans environ, le meilleur moyen d'extraire de la poche du citoyen, — du *sujet du roi*, comme on l'appelait alors, — le fruit de son labeur, — *l'épargne publique*, comme on dirait aujourd'hui, — c'était, purement et simplement, de le *requérir pour le service du roi*.

1.

En échange, les dignités, les priviléges, les ordres, les titres nobiliaires, étaient offerts à quelques-uns des rançonnés, et le *sujet* était content.

Cela aurait pu durer toujours, c'est-à-dire aussi longtemps qu'il y aurait eu en France des gens habiles à collectionner les écus pour les échanger ensuite contre un hochet royal, appuyé d'un bénéfice ou d'un privilége quelconque.

Le système financier de la France était alors d'une simplicité absolument naïve.

Un homme couronné rançonnait sa cour;

La cour rançonnait les fermiers généraux;

Les fermiers généraux rançonnaient les receveurs des tailles ou des gabelles;

Et ceux - ci rançonnaient le menu peuple.

Ce système de vexations successives et purement arbitraires ne pouvait continuer à s'affirmer avec une pareille effronterie.

Ceux qui en étaient les agents sentirent eux-mêmes que le menu peuple, sur lequel, au bout du compte, pesait tout *le fardeau*, ne se résignerait pas indéfiniment à servir de mamelles aux parasites de la monarchie.

En un mot, il fallait arriver au même résultat, mais en changeant les moyens.

A la force il fallait substituer l'adresse à l'effraction la fausse clef.

Le voleur de grand chemin allait s'élever à la dignité de *pick-pocket*.

Tel a été le progrès moderne.

En effet, la monarchie à l'agonie vit soudain se créer un système d'agiotage effréné ; ce système avait un côté séduisant, car il faisait miroiter, non plus seulement aux yeux de quelques-uns, mais aux yeux de tous, l'espoir d'accumuler en peu de temps de fortes sommes d'argent, et d'être admis, à leur tour, à la curée des charges, étant désormais capables d'en acquérir.

C'est alors que la France vit surgir le fantastique Jean Law, que brillèrent les beaux jours de la rue Quincampoix, et que se combina la gigantesque escroquerie de la compagnie des Indes.

Une banqueroute générale succéda à ce feu follet.

Les ruines qu'on avait voulu réparer devinrent plus profondes, plus nombreuses que jamais, et cette catastrophe exaspéra les innombrables citoyens qui avaient, eux aussi, entrevu leur million, mais en rêve seulement.

Quelques-uns néanmoins restèrent debout sur les débris de tous ; car il y eut à cette époque des fortunes scandaleuses, comme des ruines inouïes.

Les théories financières du commencement du règne de Louis XV furent plus intimement liées qu'on ne paraît le croire au cri de libération que poussèrent les provinces en 1789.

Plus de priviléges ! Mort aux aristocrates ! s'écriait-on.

Et, pour corollaires : l'exécution du roi, celle des nobles et des hauts financiers ; et enfin la sanglante époque qui aboutit à cette autre époque, aussi sanglante, mais traversée d'un peu de gloire, appelée d'abord la République, puis, hélas ! le premier Empire.

Si 89 avait poussé la théorie de l'égalité à ses extrêmes limites, le retour d'un système monarchique, bien qu'affectant une origine plébéienne, provoquait la réaction d'une autocratie.

Cette réaction eut lieu.

Mais, comme la monarchie, elle dut adopter la forme plébéienne.

L'Empire éveillait en effet la cupidité des traitants, qui, cette fois, s'organisèrent avec énergie et cherchèrent même à s'allier à l'ancienne noblesse ; ils y réussirent, puisqu'on vit un Rochechouart, dernier héritier de Richelieu, épouser mademoiselle Ouvrard.

Or ceci fut l'œuvre de la Restauration.

Mais, en attendant cette fusion, l'aristocratie financière de l'Empire, bourgeoise de mœurs et d'origine, affamée de grandeur, car elle était bouffie d'orgueil, obéissant aveuglément à son avidité, cause de sa fortune, ne pouvait tarder à s'apercevoir que le *maître* l'était trop, et à constater que, pour être soumise aux pressions d'un pouvoir absolu, il valait mieux celui dont les éclaboussures étaient brillantes, au lieu d'être simplement brutales.

Donc on commença à se demander si, avec de l'argent, on ne pourrait pas acheter une partie de ce prestige qui est l'apanage convenu des vieilles races royales, et l'on conspira pour les Bourbons.

Un premier fait se dégage nettement de cette tendance.

C'est que jusqu'à ce moment l'or était

moins recherché pour lui-même que pour l'élévation qu'il pouvait procurer.

Depuis, le confortable de la vie a remplacé le confortable du nom.

Même après 89 et après l'Empire, les théories républicaines étaient mal ou peu comprises.

Le *moi aussi* était le dernier mot du rêve de la domination.

Quant à l'association des intérêts, au bien-être social, à l'aisance de chacun par tous et de tous par chacun, il n'y fallait pas songer.

Malgré le *Contrat social* du trop nuageux Rousseau, et l'*Homme aux quarante écus* du trop anecdotique Voltaire, on ne soupçonnait pas encore la forme pratique que pouvaient revêtir ces belles théories qui avortèrent si misérablement en 1851, aussi bien par les extravagances des uns que par l'ambition criminelle des autres.

La révolution de 89 avait préparé elle-même l'instrument destiné à détruire ses tendances réparatrices et progressistes.

Elle avait créé le grand-livre de la dette publique.

On peut affirmer que, par cette création, elle avait organisé, pour ainsi dire dès ce moment, le mode futur d'après lequel on gérerait les finances de l'État.

Aussi est-ce dans ce même grand-livre que nous trouverons l'histoire irrécusable des spoliations de toutes les monarchies qui se sont succédé.

A ce point de vue, Cambon fit une œuvre utile; mais il était loin de se douter que son seul résultat serait de préparer aux peuples à venir la possibilité de prouver par écrit les abus dont, jusque-là, ils n'avaient pu évaluer ni l'importance ni l'étendue.

Et lorsqu'il expliquait, dans son rapport « comment la nation aurait sans cesse dans sa main le taux du crédit public », il était loin de soupçonner qu'il créait, dans cette même nation, une autre aristocratie dangereuse, basée sur ce crédit lui-même, et qui en abuserait outrageusement.

C'est l'histoire de ces abus que nous allons écrire.

Et comme, après cent ans à peine, nous retrouvons les fermiers généraux sous le nom moderne de banquiers politiques,

C'est contre eux et leurs innombrables janissaires que nous poussons aujourd'hui le cri de 89.

Que l'exemple du passé leur serve.

Nous ne voulons pas d'hécatombes, car il est encore temps d'arrêter le mal pacifiquement, par la probité, par la logique.

Nous ne voulons ni l'attentat à la propriété, ni la liquidation sociale, ni la persécution religieuse; mais nous voulons la suppression énergique des abus et la réglementation équitable du fonctionnement de ces pompes aspirantes de l'épargne publique qu'on nomme :

Les maisons de banque.

Elles se sont toujours emparées du pouvoir pour épuiser la nation.

L'aristocratie féodale, qui faisait et défaisait les rois, est remplacée par l'aristocratie financière, qui fait et défait les gouvernements.

Toutes les évolutions, toutes les révolutions, depuis 89, ont été leur œuvre.

La Restauration de 1814,

Les Cent jours,

La Restauration de 1815,

La Monarchie de 1830,

La République de 1848,

Le coup d'État de 1851,

Tout est leur œuvre, et leur œuvre exclusive.

Et si, allant plus loin, arrivant à des dates plus actuelles, nous voulons, au risque de soulever, d'un mot, les passions les plus fougueuses, continuer notre exposé, nous prouverons que :

1870, 1871, 1872, et même 1874, sont encore dominés par la haute banque politique.

Eh bien ! il n'est pas sage de laisser les

destinées d'un pays entre les mains des hommes d'argent, accapareurs de fortunes.

Il est des économistes avisés qui s'efforcent, je le sais, de démontrer que la prospérité de ces accumuleurs est liée à celle de tous.

Il n'en est rien et, en attendant d'autres démonstrations, qui suivront du reste,

Dites-moi, contribuables français, à quelle époque de la période ouverte par le premier Empire, vous avez vu annuler *un seul* des impôts créés pour des causes déterminées.

Jamais !

L'impôt créé, c'est fini, il l'est à perpétuité ; on ne le supprime pas, on le transforme en l'accroissant.

Ceci est, en grande partie, l'œuvre du système odieux des emprunts.

Or souvenez-vous que lorsque vous sous-crivez un emprunt, vous promettez de donner deux fois l'argent que vous croyez ne donner qu'une seule.

En effet vous le donnez une fois en sous-crivant, ensuite, une seconde fois en payant l'impôt avec lequel on promet de vous rembourser.

Or dans ce va-et-vient de l'argent il y a toujours des intermédiaires qui accumulent des bénéfices à votre préjudice et à celui de l'État, de telle sorte qu'à un moment donné c'est à ces intermédiaires que vous payez perpétuellement l'intérêt usuraire inscrit à votre grand-livre de la dette publique sous les chiffres fallacieux de 5, 4 1/2, 4 et 3 p. 100.

C'est ainsi que vos pères de 1814 n'avaient en consolidés que 63 millions de charges annuelles, et c'est ainsi que nous avons en 1876 : 748 millions à payer perpétuellement.

On vous dira, je le sais, que l'amortissement et diverses annulations ont eu lieu entre les deux dates que je viens de citer, et que de ce fait le grand-livre a été soulagé de 583 millions.

J'en tiens compte, car, dans ce cas, notre dette publique s'élèverait, non plus à 748 millions, mais à 1.330 millions.

Et ces annulations à quoi ont-elles servi ?

Ont-elles arrêté la croissance de la dette ?

Vous voyez bien que non.

On vous dira encore que les puissances financières servent à faire de grandes choses, à délivrer les territoires et à soulager les misères.

C'est justement ce que nous voulons examiner.

Or nous ferons cet examen dans un esprit de conciliation et de réforme équitable, et non pas avec un parti pris de guerre contre les financiers.

Car nous ne poursuivons qu'un but :

L'amélioration de la chose publique, par conséquent la prospérité de la République, par conséquent encore la prospérité de *tous*.

IV

LE COMMERCE DES ÉCUS

Avant d'entreprendre l'examen que nous venons d'annoncer, il est nécessaire d'expliquer notre opinion sur le rôle rationnel de la banque libre.

Les marchandises amoncelées chez le commerçant en écus, le capital du banquier, par conséquent, ne doit pas, selon nous, représenter autre chose que *du tra-*

2

vail provisoirement converti en stock sous la forme du signe conventionnel des échanges entre les services rendus : LA MONNAIE.

Or industriellement et commercialement les maisons de banque facilitent cet échange et alimentent le travail.

Mais, au point de vue purement financier, politique et économique, c'est-à-dire au point de vue de leur rôle comme intermédiaires entre la masse des contribuables qui composent l'État, et chacun de ces contribuables pris isolément, il ne devrait exister aucune spéculation, cette spéculation n'ayant d'autre effet que d'appauvrir l'individu dans son unité multipliée, c'est-à-dire dans sa masse, au bénéfice du seul intermédiaire, devenu par là un accapareur.

Industriellement et commercialement la

libre concurrence est favorable à l'escompte, parce qu'il n'y a pas de marché public, et parce qu'il y un régulateur : la banque de France.

Mais politiquement il n'en est pas ainsi, et l'absorption des grosses opérations de crédit public par la haute banque est ruineuse pour le contribuable.

A cela il y a trois motifs :

La concurrence est trop restreinte et, par conséquent, nulle dans ses effets.

Il y a un marché public dont le public est l'esclave, et dont le sol est machiné comme une scène de théâtre.

Et il n'y a pas de régulateur comme, pour l'escompte, est la Banque de France.

Développer ces trois points principaux de notre doctrine sortirait du cadre de ce volume, et nous y consacrerons un ouvrage particulier.

Pour le moment nous n'en tirerons que la proposition suivante qui se trouvera démontrée par les faits dans le cours de notre étude, à savoir :

Qu'il est absolument faux d'affirmer que ce que la haute banque absorbe sous une forme, elle le rend sous une autre.

C'est là en effet un pur sophisme, car avec la théorie, et malheureusement la pratique, des gros intérêts et des grosses commissions, — *rétributions de l'oisiveté* et de l'*inutilité économique*, — qui composent le fonds unique du grand jeu de la banque, elle arrive à exporter le numéraire en échange de papier qu'elle répand ensuite dans la nation.

Or quand, à un moment donné, ce pa-

pier ne vaut plus que zéro, ce qui arrive
presque toujours, qui a perdu ?

La nation, et la nation seule.

Il serait trop facile de mettre un nom
sous cet exemple.

Et l'on nous parle du progrès !

Il n'y a aujourd'hui de progrès en finance,
en comparaison des procédés employés par
les fermiers généraux, que dans la manière
d'escamoter l'épargne publique.

Au pillage a succédé l'abus de confiance ;
là ou le fermier général ne promettait aucune compensation en échange de ce qu'il
prenait au nom de son bail de fermage, le
banquier moderne promet des bénéfices
et de gros dividendes, sous le couvert du
crédit de l'État.

Il n'y a qu'un mensonge de plus.

En effet, et l'on paraît ne pas s'en douter,

2.

lorsqu'un État concède un emprunt à une maison de banque, — et c'est toujours ainsi, même dans le cas de souscription directe du public, — il fait exactement la même opération privilégiée que Louis XIV pratiquait envers ses fermiers généraux.

C'est-à-dire que l'État donne, à cette maison de banque, le droit d'abriter sous son crédit ses opérations particulières, en faisant appel, selon des conditions déterminées, à l'épargne de tous.

Ce droit est accompagné d'un monopole de fait, qui consiste dans la puissance de créer la rareté ou l'abondance du titre, par suite sa cherté ou son bas prix, c'est-à-dire encore, la hausse et la baisse, à volonté.

De sorte que les banquiers, ordinairement dépositaires transitoires d'une grande quantité de fonds appartenant à divers, peuvent absorber temporairement l'emprunt, en le souscrivant soit directement, soit indirectement, et outre le bénéfice de la concession, ils ont celui, tout arbitraire, de la vente à prime sur le marché, après la clôture de la souscription publique, généralement fictive.

Or le contribuable (car nous raisonnons ici dans l'hypothèse d'un emprunt national) a acquis à un prix arbitraire la jouissance d'un revenu fixe, et dans le fonctionnement de l'amortissement il ne retrouvera que le pair.

La prime et la commission sont restées entre les mains du banquier, d'où perte sèche pour le contribuable; bien plus, sous forme d'impôt, il payera de nouveau cette prime et cette commission.

Cette taxation arbitraire d'une valeur basant nominalement un revenu, ne correspond-elle pas, avec une rare précision, à la taxation arbitraire des tailles et des gabelles?

La forme seule a varié; le fond reste identique, et c'est ce dont nous nous plaignons, et c'est ce qui, au bout d'une certaine période, engendrera les mêmes ruines et, par suite, les mêmes révoltes que celles qui ont cru mettre fin au système financier du siècle précédent.

V

LA CORRUPTION ANGLAISE

C'est à l'Angleterre que nous devons la création de la puissance financière en France.

Cette nation, avec sa politique égoïste et mercantile, n'exerce l'esprit de conquête qu'au moyen du trafic des territoires.

Ne pouvant s'étendre en Europe et ayant

été forcée d'abandonner définitivement le pied-à-terre qu'elle avait longtemps convoité dans le nord de la France, elle s'est réfugiée dans un rôle taciturne, ténébreux et surtout financier.

Elle a toujours adopté nos souverains dans la détresse ; elle les a nourris, élevés et corrompus au contact de son système financier.

Et en définitive, c'est toujours de chez elle que nous sont revenus les prétendants au trône, comme anssi c'est presque toujours à la faveur de son crédit que ceux-ci ont pu faire les frais de leur joyeux avénement.

Qu'on nous cite un seul prétendant couronné — Napoléon Ier excepté, lequel n'en revint plus quand il y alla — dont le point de départ n'ait pas été situé sur les bords de la Tamise, ou qui se soit affranchi de l'influence britannique.

Louis XVIII par deux fois.

Louis-Philippe une fois.

Louis-Napoléon, se désignant troisième et par trois fois aussi revenant de Londres.

Et maintenant où portent leurs regards ceux qui rêvent une monarchie nouvelle?

Vers l'Angleterre toujours! car il y a là le quatrième Napoléon, et il attend son heure.

Nous ne parlerons pas des exilés des divers régimes, encore moins des déshérités de l'ambition ou des criminels envers la chose publique.

Mais nous pensons que les vrais martyrs d'une opinion ne doivent pas aller en Angleterre chercher une consolation ou un remède à leur déception.

Aussi devons-nous signaler dans une honorable exception ce personnage respectable dans la loyauté même de son entêtement, et qui, ne voulant pas rentrer en France comme simple citoyen, — n'étant et ne pouvant être autre chose, — a choisi Froshdorff pour y loger sa prétendue royauté.

La nation anglaise a toujours été fort précoce.

Avant la France elle avait eu son Louis XVI, et avant elle aussi son Robespierre.

Seulement son Robespierre fut financier et s'appela Cromwell.

Et notre Cromwell paya de sa tête sa folie de n'être que Robespierre.

Aussi la plaie financière s'est-elle développée surtout en Angleterre, au point d'en devenir contagieuse.

. Et si elle n'a pas encore subi complète-
ment l'action purulente de cette force des-
tructrice, c'est parce que, limitée dans son
influence et dans son activité militaire,
ayant eu, par conséquent, moins souvent
que nous à réparer les désastres de la
guerre, — désastres égaux, d'ailleurs, quel
que soit le sort des armes, — elle s'est spé-
cialisée dans son rôle de *pieuvre* des finances de tous les États ses voisins.

Que le mal lui soit arrivé de Venise ou
soit né sur son sol, nous n'avons pas à
l'examiner ; mais ce qui est certain, c'est
qu'elle nous le communiqua la première
sous la forme de l'Écossais Law, lequel
ouvrit l'horizon aux traitants nés sous
Louis XIV.

Cet élève et cet adepte de William Pa-
terson, l'inventeur des banques de circu-

3

lation, nous dota aussi d'une compagnie
des Indes et d'une foule d'autres compagnies fantastiques, toujours à l'instar de
l'Angleterre.

Plus tard le cabinet de M. Pitt favorisa
les idées de 1789 et aida considéra-
blement à la chute des Bourbons, quitte
à prendre ensuite une politique opposée,
toujours dans l'espérance de bénéficier
des changements.

La trésorerie anglaise avait aussi la théorie des subsides.

L'Angleterre subventionna pendant un
certain temps les trois quarts de l'Europe.

L'Empire de Napoléon Ier qu'elle n'a-
vait pas prévu, la dérangea un moment
dans ses opérations usuraires ; mais elle le fit
durement sentir à la Restauration, et fut
assez persévérante et assez habile à la fois

pour pousser sa revanche jusque sur le second Empire de 1852.

Déjà, sous Louis-Philippe, elle avait inventé la question d'Orient, encore palpitante, du reste, et la question égyptienne, plus que jamais actuelle depuis l'acquisition du canal de Suez.

Néanmoins elle afficha toujours l'horreur des armements de guerre, se jugeant assez armée du stylet commercial et économique, dont elle aiguisa la pointe avec le libre échange, après en avoir empoisonné la lame avec le crédit.

Or ce dernier suffisait pour tuer la France. Depuis Law, il y était lancé, et il devait dévorer successivement bien des royautés en attendant qu'il eût mangé la nation entière en devenant cosmopolite comme son propagateur.

Or nous marchons si bien vers ce beau
résultat qu'après quatre-vingt-sept années
nous nous retrouvons en présence d'abus
financiers beaucoup plus menaçants que
ceux contre lesquels les hommes de 89
avaient eu à lutter si énergiquement.

LA

MARCHE ASCENDANTE

I

LA PREMIÈRE RESTAURATION

Ceux qui nieraient l'immixtion toute-puissante de la haute banque de 1814, dans le premier succès de la Restauration des Bourbons, n'ont qu'à se souvenir :

Que c'est seulement à une série de trahisons que Napoléon Ier a dû toutes ses défaites ;

Et que ces trahisons furent commises

surtout par les repus, que son omnipo-
tence avait comblés de faveurs et de
gloire.

Mais, pour entrer brutalement dans les
faits, qu'on examine d'un œil froid ce qui
se serait passé à Paris si, au 31 mars 1814,
Marmont, duc de Raguse, et Mortier, duc
de Trévise, avaient épuisé leurs moyens de
défense au lieu de capituler.

Cet examen nous conduira nécessairement à découvrir l'élément financier de
cette étonnante capitulation.

Le gigantesque Empire de Napoléon manquait de pondération.

La cohésion ne pouvait exister qu'à
l'aide de la menace permanente de ces
grands coups que savait frapper le guerrier
légendaire.

Les intérêts divers, créés par l'Empire,

cherchaient à s'affranchir de la tutelle du héros.

Et parmi ces intérêts, les plus puissants, ceux qui résumaient tous les autres, étaient précisément représentés par les grands financiers, les grands capitalistes, ceux-là, surtout, qui, comme Laffitte, avaient conservé, même en dépit du blocus, la faculté de correspondre, *pour leurs affaires*, avec l'Angleterre.

Or, depuis la création d'un marché des fonds publics, tout changement est loin de répugner aux financiers, — au contraire.

Placés merveilleusement pour être les premiers informés, comme banquiers, fournisseurs de l'État, ils ne rêvent, comme ils l'ont fait :

En 1870, pendant et avant le siége ;

En 1855, époque du tartare de Sébas-
topol;

Pendant les guerres de l'Empire, à l'aide
des nouvelles constantes de la mort de
Napoléon;

Et enfin, au moment de Waterloo;

Qu'à réaliser des coups de bourse;

C'est-à-dire à dévaliser le public con-
fiant.

Quoi qu'il en soit, en 1814, vingt années
de guerre avaient épuisé la France en
hommes et en argent.

Les pompes aspirantes de l'épargne
avaient fonctionné sous toutes les formes
anglaises imaginables, de sorte que les
pompiers eux-mêmes, je veux dire les
financiers, commençaient à s'apercevoir
que le *manche de la pompe* s'usait visiblement.

Le manche, le levier, comme on voudra l'appeler, c'est le chef politique, le prétexte ou l'étiquette derrière lesquels on se cache pour faire fonctionner l'appareil pneumatique.

Donc il fallait changer de levier ou tout au moins l'isoler un moment ; car l'heure allait peut-être arriver où ce levier deviendrait rétif et même capable, dans un mouvement saccadé, de heurter au front ceux qui le manœuvraient.

Ce qui signifie que les banquiers redoutaient, dans la pénurie générale du pays, une contribution qui pourrait diminuer leurs bénéfices en ne pesant que sur eux.

Napoléon, premier consul, avait essayé dans une certaine mesure cette *réciprocité*, et l'on s'en souvenait.

Or, restituer ? Jamais !

En conséquence, les vieux compagnons d'armes du héros commencèrent à avoir la goutte, la cour était souffrante ; les corps de l'État, enfiévrés par la peur, hésitaient à s'aliter.

Le prestige impérial faiblissait.

Le Sénat venait de jurer de mourir entre les tombeaux de ses ancêtres et les berceaux de ses enfants, ce qui, au fond, n'aurait pas servi à grand'chose ; mais le Corps législatif, plein de ventrus, *esclave* pendant treize années de victoires et de gains, devenait tout à coup *homme libre !*

Ce tas de créanciers redoutait la faillite.

Napoléon vint et le brisa.

Il était trop tard.

Ce qui une année plus tôt eût été une habileté — non un droit — devenait à ce moment une faute plus grave, car le populaire est formaliste et ne comprend que bien tardivement ce qu'il y a d'inconciliable entre un pouvoir absolu et une chambre élective.

Cette dissolution entraîna bien des défections : celle de l'Autriche, la trahison de Bernadotte, celle de Moreau, puis la défection de la Bavière, suivie de Leipzig, qui fut le premier revers sérieux du grand capitaine.

Et cependant il était encore vainqueur.

Mais, malgré sa victoire de Hanau, les alliés débordaient.

La Hollande venait de se jeter dans les bras de la maison d'Orange ; Dantzik, Utrecht, avaient capitulé ; enfin Murat,

Français et beau-frère de l'empereur, passait à l'ennemi.

Un million d'étrangers entouraient la France et commençaient à franchir ses frontières.

L'empereur accomplissait des prodiges.

Vainqueur le 27 janvier à Saint-Dizier, vainqueur le 29 à Brienne, vainqueur le 18 février à Nangis, vainqueur enfin dans tous les combats, le 20 mars il remportait encore la victoire d'Arcis-sur-Aube, et le 26 de nouveau à Saint-Dizier.

A partir de ce moment il put se diriger à marche forcée sur Paris.

Mais les grandes armées russe et prussienne étaient en route du côté opposé, et se présentèrent le 30 mars sous les murs de la capitale.

Ce même jour Napoléon était à deux heures de l'ennemi.

Deux heures de résistance et un coup de main pouvaient tout changer.

On était loin d'avoir épuisé les moyens de défense, et pourtant Marmont et Mortier capitulèrent.

L'impératrice était partie, Joseph Bonaparte manquait d'énergie.

Il faut vraiment regarder attentivement les dates pour constater qu'on n'est qu'en 1814.

Enfin on capitula.

D'ailleurs, pourquoi se défendre ?

Pourquoi fournir à l'ennemi l'occasion de pratiquer le pillage ?

Qui en aurait souffert ?

Est-ce le peuple ? il était ruiné !

Mais il y avait à Paris :

M. Perregaux, un Suisse devenu *sénateur*, beau-père de Marmont, et associé au révolutionnaire Laffitte.

Il y avait ce même Laffitte qui s'appelait Jacques et en maigrissait.

Il y avait M. Greffulhe, MM. Mallet frères, MM. Tourton, Delessert, Odier, Hottinger, Florentin Seillère (drapier, puis baron); il y avait encore M. Collot, M. Doumergue, le grand Hinguerlot et l'ingénieux Séguin, et enfin le fameux Ouvrard.

Tous ces messieurs étaient immensément riches, possesseurs d'hôtels splendides (tous les hôtels des fermiers généraux avaient été achetés par eux ou leurs amis), plusieurs d'entre eux possédaient à Sceaux des maisons de plaisance, les châteaux du Raincy, de Gros-Bois, de Bagatelle, et bien d'autres encore.

Et enfin, nous l'avons dit, on conspirait depuis longtemps pour celui qui faisait des ducs, des comtes et des vicomtes *fleurdelisés !*

Donc il ne fallait pas se défendre ; il fallait néanmoins arrêter l'ennemi ; il fallait enfin, et surtout, un nouveau prétexte politique, un nouveau *manche* à la pompe aspirante plus haut décrite.

Or il y avait un arriéré de 307 millions dus par l'Empire à la plupart des messieurs nommés ci-contre ; et comme ils désespéraient de retrouver ces 307 millions dans Napoléon, ils les imposaient au comte d'Artois, moyennant quoi ils lui ouvriraient les portes de Paris.

De son côté, le comte d'Artois arrivait appuyé d'un cortége d'anciennes soutanes assez proprement affublées du justaucorps financier, lesquelles maniaient avec une verve toute gauloise le râteau du joueur.

Et en effet il y avait là Talleyrand, ce spéculateur émérite, qui avait vingt fois fait et défait sa fortune dans les jeux de bourse de l'univers entier.

Cet ami de l'abbé d'Espagnac était fort digne de s'entendre avec un autre abbé, grand acquéreur de biens nationaux et qui fut qualifié baron Louis ; celui-ci devenait ministre des finances.

Il avait fonctionné sous l'Empire, et, par conséquent, se trouvait être un lien direct avec les autres menus capitalistes non admis dans la grande conspiration bourbonnienne.

Ceux-ci, en effet, n'étant enrichis, pour la plupart, que parce qu'ils avaient acquis les biens nationaux, auraient jugé leur situation médiocrement rassurante avec la perspective du retour des anciens rois.

Mais tout avait été bien préparé, et la finance tout entière pouvait saluer avec enthousiasme et sans arrière-pensée cette belle restauration.

En effet, Jacques Laffitte arbora la cocarde blanche avant tout le monde, et prêta son hôtel aux diverses négociations, notamment à l'adhésion du gendre de Perregaux, son associé (le général Marmont, duc de Raguse), au gouvernement provisoire institué au moment de la capitulation du 31 mars.

————

Le premier acte de l'abbé baron Louis fut de se procurer une centaine de millions.

Il les trouva facilement chez les banquiers, et justement au moyen de reconnaissances de liquidation qui figurèrent sous le nom de bons royaux, à 8 p. 100, et remboursables dans le délai de trois années, mais toujours conversibles en 5 p. 100 consolidés.

L'arriéré, tout était là!

Désormais certains de le recouvrer, les banquiers, fidèles à leur système d'agiotage, prêtèrent de nouveau à gros intérêts leur capital reconnu, pouvant le doubler ensuite par la spéculation sur le marché des fonds publics.

En mars 1814 la rente avait fait 45 francs; en avril elle était arrivée à 66 francs, et, ce qui dénote bien le jeu effréné, elle cota le même mois, sans cause politique apparente, 49 fr. 50.

En mai elle fit, cours extrêmes, 63 francs
et 56 fr. 50, pour arriver assez rapidement,
en août, à 80 francs, cours le plus élevé de
la période de 1814 qui suivit la capitulation de Paris.

Voici, du reste, un tableau qui indiquera
le jeu du marché après la Restauration,
par comparaison avec les dernières années
de l'Empire :

		Plus haut.		Plus bas.		Cours moyen annuel.
Empire...	1810	84.50	(mars)	78.40	(janv.)	81.86
	1811	85.40	(novembre)	77.70	(mai)	80.84
	1812	83.60	(février)	76.50	(déc.)	81.18
	1813	80.20	(janvier)	47.50	(d°)	70.08
Empire...... 1814	(janv.-mars)	57.50	(février)	45 » »	(mars)	59,25
Restauration 1814	(avr.-décem.)	80 » »	(août)	49.50	(d°)	
Restauration 1815	(janv.-mars)	81,65	(mars)	63.50	(d°)	
Cent jours.. 1815	(avril-juin)	69 » »	(avril)	53 » »	(juin)	65.45
Restauration 1815	(juil.-décem.)	69.73	(juillet)	52.50	(déc.)	

Qu'on ne dise pas que les dernières années de l'Empire ont été moins fécondes

en événements que les courtes périodes de
la Restauration.

Les guerres étaient incessantes, les nouvelles, vraies ou fausses, nombreuses, et à
tout propos on annonçait la mort de l'empereur.

Mais il n'y avait pas encore de prétendants possibles ; par conséquent, aucune
alternative raisonnable entre la cocarde
blanche et la cocarde tricolore.

Ce qui revient à dire qu'à la roulette nationale il manquait alors les hasards entre
les couleurs.

Par conséquent, les avidités ou les revan-
ches sans horizon étaient sans audace.

Les fluctuations du marché une fois con-
statées, dira-t-on qu'elles provenaient de la
confiance ou de la méfiance publique ?...

Qui osera soutenir que le public porteur

de rentes ou de titres divers fût assez vite
instruit des secrets politiques pour acheter
ou revendre, avec une telle précision, selon
les pronostics?

La télégraphie électrique, faut-il le rap-
peler, n'existait pas même en projet, et
pour surprendre un télégramme, il fallait,
comme Monte-Cristo, empêcher les loirs
de manger les pêches du préposé à la tour
de Montlhéry...

Non, la banque seule disposait du marché.

Une coterie de fermiers généraux dégui-
sés en banquiers fournisseurs accomplissait les mouvements à sa volonté et trouvait
trop facilement sa contre-partie dans une
masse de petits agioteurs, mis en goût par
quelque heureuse acquisition, ou encore
parmi les effarés de la deuxième heure qui,

ne déduisant les nouvelles que des évolutions du marché, étaient détroussés en un tour de main.

C'est vainement et bien perfidement qu'on cherche toujours à démontrer que la Bourse est le réflecteur sincère de l'opinion publique.

Elle en est, au contraire, le mirage le plus trompeur.

Elle montre des horizons de verdure là où ne sont que des gouffres arides.

Si on l'appelle thermomètre ou encore baromètre, soyez sûr qu'un tube habilement dissimulé correspond avec un réservoir où l'on fait à volonté le froid ou le chaud, le vide ou la pression.

Si on l'appelle boussole, soyez certain que sous le parquet est une barre d'acier qui, toujours à volonté, dirige les déclinaisons de l'aiguille aimantée.

Au 1er avril 1814, le jeu sur les rentes était d'autant plus facile aux princes de la finance, que les titres négociés étaient moins nombreux.

A cette date, en effet, la dette consolidée ne s'élevait encore qu'à 63.307.637 francs de rente 5 p. 100, dont 174.193 francs seulement représentaient l'ancienne dette constituée.

Donc, quand le 5 p. 100 tomba au-dessous de 50 francs, il suffisait, sur le marché au comptant, de 633.076.370 francs pour accaparer la totalité des rentes inscrites sur le grand-livre.

Or les banquiers créanciers de l'arriéré impérial réclamaient, à eux seuls, 307 millions, soit la moitié, au taux ci-dessus, du capital inscrit.

Une fois les fournitures payées, les rentes

4

négociées antérieurement et jetées dans la circulation, en procurant déjà aux concessionnaires des bénéfices considérables, pouvaient donc facilement revenir entre leurs mains avec un nouveau bénéfice.

Ceci était bien calculé, même par les ministres d'alors, et cependant ils ne modifièrent en rien leur façon d'agir en se servant des banquiers.

Il leur fallait la Bourse.

Car la Bourse est le grand instrument des bénéfices inavoués et inavouables.

Aucun ministre, à coup sûr, n'oserait donner ostensiblement à une maison de banque la commission énorme qu'il autorise implicitement cette même maison à soustraire de la poche publique.

Grâce à ce fonctionnement, déjà fort développé en 1814, l'abbé baron Louis put

trouver facilement les cent premiers mil-
lions qui lui étaient nécessaires, chez
MM. Laffitte, Mallet, Tourton, Delessert et
Odier.

Ce premier succès l'encouragea, et au
moment de dresser le budget, il eut encore
recours au même procédé.

Cet homme audacieux alla jusqu'à présenter un budget non-seulement en équilibre, mais encore accusant un excédant de
70 millions, même en enregistrant :

33 millions pour la liste civile,

Et 10 millions pour frais de négociation.

Naturellement cet excédant était con-
sacré à la liquidation de l'arriéré, d'où
conciliation immédiate de tous les créanciers, satisfaction publique des autres naïfs,
qui se disaient :

« On ne paye cet arriéré que parce qu'il

y a un excédant!» Quel beau pays que la France !

L'abbé baron Louis, fit plus encore !

Les acquéreurs de biens nationaux tremblaient, malgré les assurances verbales des auteurs de la Restauration, et demandaient des gages positifs.

Une loi les leur donna.

Ils furent confirmés solennellement dans leurs possessions ; puis aussitôt, par une étrange contradiction, qui n'est explicable que *financièrement :*

Les biens confisqués, mais non encore acquis par des tiers, devaient être restitués à leurs propriétaires originaires.

D'où, à la fois, légitimation et réprobation des actes de la Révolution.

Enfin, pour couronner l'œuvre, l'immense abbé avait aussi obtenu des Chambres le payement des dettes contractées par le roi et la famille royale, pendant leur exil : en capital, 30 millions ; en rente perpétuelle, portée au grand-livre : 1.499.354 fr., jouissance 1er janvier 1816.

La curée était complète.

II

LES CENT JOURS

Jusque-là tout était bien pour la haute-banque.

Elle avait encore fonctionné avec un succès fort appréciable.

Mais à cause ou en dépit des bourgeoi-series de M. Louis, deux éléments antipa-thiques gravitaient autour du trône de l'autre Louis, maître du précédent.

La manœuvre de la *pompe aspirante* était très-disputée.

Les luttes et les compétitions étaient ardentes, surtout entre les financiers de race et les financiers d'espèces.

Si la haute banque formait l'état-major de la garde nationale,

Les hauts marquis formaient celui de la maison du roi.

Les banquiers avaient été faits comtes ou barons, mais les marquis étaient pairs.

Enfin les armes des financiers étaient de gueules au chariot d'or, ou au chevron d'argent, mais celles des marquis étaient d'azur, au chef de lis, avec merlettes ou croissants, ce qui était bien plus sérieux!

Maître Jacques Laffitte commençait à bouder.

Enfin il fallait donner une leçon au pouvoir et lui prouver que l'argent était tout et la noblesse rien.

Bien qu'adulé, visité, consulté. journellement par les deux abbés Talleyrand et Louis, par le duc d'Alberg et bien d'autres, quoique fait gouverneur de la banque de France, M. Jacques Laffitte n'était pas satisfait et il avait dit à ses satellites ou à ses collégues de même rang :

Ça ne va pas !

Voici pourquoi :

L'industrie et le commerce, qui avaient fini par s'accommoder de l'état de guerre permanent sous l'Empire, soit en s'organisant pour les fournitures, soit en suppléant au blocus par des transports par terre et par canaux, soit en remplaçant les objets d'importation étrangère par la chimie; l'in-

dustrie, et ses chefs, MM. Audry-Puyraveau
Bethfort, Human, Delorme, Salleron, Bal-
guerie, Gévaudan, et aussi les financiers
spéciaux, tels que : Collot, Seguin,
Ouvrard et Doumergue, froissés dans
leur amour-propre, très-liés aux intérêts de Laffitte, se déclaraient relativement
oisifs.

Les opérations financières de l'abbé Louis
avaient un moment occupé leur esprit;
mais ils n'en avaient fait qu'une bouchée,
et puis on ne peut pas toujours faire des
opérations d'un seul côté, même quand on
est ministre des finances royales.

Le roi, pour sa part, témoignait le désir
de s'occuper de ses fidèles, ruinés par la
République.

On conçoit que le camp des financiers
tournât avec une certaine inquiétude ses

regards vers l'horizon, et commençât à se demander :

Où allons-nous?

On se remit à conspirer.

De son côté, le populaire, qui se voyait en plein retour d'une époque maudite, que des noms retentissants lui rappelaient sans cesse, était merveilleusement préparé à faire le jeu des financiers.

On continua à conspirer.

Enfin Napoléon débarqua au golfe Juan.

La nouvelle fut longtemps secrète, et l'on peut penser ce que la Bourse fit en attendant l'explosion.

M. Laffitte savait parfaitement à quoi s'en tenir, et pour cause.

———

Nous n'avons pas à retracer ici la marche triomphale du fantastique empereur.

Avant les gens de finances, les soldats et le peuple, qui, s'ils n'avaient pas eu leur part en argent, avaient eu, au moins, leur part en gloire, témoignèrent le plus noble désintéressement.

L'entrée à Paris fut un éblouissement.

Mais la banque européenne, assemblée au congrès de Vienne, veillait.

Le coup était inattendu, la haute banque étrangère n'y avait pas trempé.

D'où effarement, baisse des fonds publics, hausse du change, colère de l'Angleterre et de tous les alliés.

Tout cela n'étonna pas la banque française, elle s'y attendait.

La guerre était déclarée.

Le patriotisme populaire, qui n'avait rien compris au tour de passe-passe de la capitulation de mars 1814, se réveilla plein d'ardeur.

Les dons patriotiques affluèrent.

MM. Delorme et Gévaudan versèrent de fortes sommes d'argent.

Jacques Laffitte, avec le même enthousiasme qui lui avait fait arborer la cocarde blanche, mettait immédiatement à la disposition de l'empereur plusieurs millions, *contre dépôt de rentes* prises à la caisse d'amortissement.

Il y avait en outre 40 millions dans les coffres de l'État ; la Restauration n'ayant pas eu le temps de les employer, les banquiers pouvaient, sous une forme ou sous une autre, y prétendre sans hésiter.

La banque de France avait fourni 15 millions.

Cela ne suffisait pas.

Laffitte s'était cru à la veille d'être ministre; il n'en fut rien.

MM. Gaudin et Mollien avaient repris les rênes administratives. — Laffitte se refroidissait.

Quant à ces fonctionnaires, ayant été habitués aux procédés très-sévères de l'Empire (qui, s'il avait usé largement des fournisseurs et des industriels, avait, en revanche, fort peu pratiqué les financiers soumissionnaires d'emprunts), ils manquaient de ce que ces derniers appelaient de l'audace.

Le trop ingénieux Ouvrard fut appelé aux Tuileries.

Plus hardi que M. Laffitte, ou peut-être le couvrant, il prit sans façon, à la même caisse d'amortissement, 5 millions de rente 5 p. 100, qu'il cota 53 francs et pour lesquelles il versa 50 millions.

Ces 50 millions étaient payables à raison de 2 millions par jour à dater du 1er juin.

Ils le furent régulièrement, au grand étonnement des autres financiers.

Ceci est facilement explicable.

La rente avait fait, en mai, 62 fr. 25 et 56, cours extrêmes; d'où, comme cours moyen, 59 fr. 12.

En conséquence en plaçant les 5 millions de rente à 59 fr. 12, Ouvrard réalisait une prime moyenne de 5 à 6 francs par 5 francs de rente.

En effet, le 1er juin ce financier avait placé ses rentes non-seulement à Paris, mais même à Londres et à Amsterdan, et encaissé 3 millions de commission, plus 6 millions de prime, au total 9 millions.

Ce fut lestement fait.

Désormais Waterloo pouvait venir et seconder de nouveau le jeu des financiers.

Le 20 juin au soir, jour où éclata la nouvelle, la rente, qui était à 53 francs (le cours d'Ouvrard), monta brusquement à 55 fr. 50 le 21 juin, pour arriver le 22 à 60 francs, le 30 à 66 francs, et enfin le lendemain de la deuxième capitulation de Paris, le 4 juillet, elle atteignait 69 fr. 75.

Ce fut là en grande partie le triomphe de la banque étrangère, qui avait pris les 5 millions de rente à 53 francs.

Quant à M. Laffitte, il n'était pas resté inactif, et il pouvait aider encore à cette capitulation de Paris en prêtant, toujours sur *dépôt de rentes*, les millions nécessaires à payer l'armée qui se retirait derrière la Loire.

Mais au milieu de tous ces prêts de

millions, il ne faut pas oublier une chose :

C'est que ces rentes inscrites, ces bénéfices réalisés, ces primes, ces gros intérêts,
vont peser en définitive uniquement sur
la nation, sur la masse des contribuables,
laquelle, parfaitement étrangère aux pro-
fits, n'aura reçu que les horions.

III

LA SECONDE RESTAURATION

Un arriéré de plus, tel est le bilan des cent jours, et la Restauration, fidèle à ses principes et plus que jamais ayant besoin des ressources de la spéculation, ne faillira pas à les payer.

Et en effet nous voyons figurer aux

budgets définitifs, qui ne furent réglés qu'en 1822 :

Arriéré de l'Empire avant 1814....	307 millions	}	433 millions.
d° d° en 1815....	126 millions		
Arriéré de la Restauration en 1814....	103 millions	}	233 millions.
d° d° en 1815....	130 millions		
	Total..........		666 millions.

Voici maintenant la dette consolidée au moment du second avénement de Louis XVIII, en juillet 1815 :

Report du total au 1er avril 1814....,........ ...	63.307.637 francs
On avait ajouté depuis...............................	2.632.448 d°
Dettes de Louis XVIII...............................	1.499 654 d°
Total de rente 5 p. 100.........	67.459.739 francs

Les cent jours n'avaient rien ajouté au grand-livre. Ses emprunts ne furent consolidés que beaucoup plus tard.

Mais remarquons, en attendant, qu'aux cours de juin 1815, 53 francs, et de décembre de la même année 52 fr. 30, ces 67.439.739 francs de rente 5 p. 100 représentaient environ 675 millions de capital.

L'arriéré seul demandait 666 millions.

Il devenait, dès lors, fort simple d'acquérir à bas prix le plus possible de ces rentes, pour devenir ensuite maître absolu du payement de cet arriéré, avec chance d'en doubler le capital.

Ce fut fait, et l'on profita de tous les événements, grâce à la panique du vulgaire.

On avait pu acheter à 53 francs la veille de Waterloo, et revendre à 66 dix jours après.

Tout cela ne fut qu'un jeu d'enfant pour des hommes qui jouaient à coup sûr, « ne trouvant pas, comme disait Talleyrand, un autre moyen de gagner. »

Il est vrai que, quelques mois après, la rente retombait encore à 52 fr. 30.

C'était un nouveau coup de bascule, comme nous le verrons ; car à dater de ce moment la partie se joua sur le dos du pays, non plus seulement entre banquiers français, mais entre les financiers de l'Europe entière.

Ce fut le triomphe des tendances séculaires de la Grande-Bretagne en matière de spéculations financières.

Ce phénomène historique est hors de toute contestation.

Si l'invasion qui amena la première Restauration fut l'œuvre absolue de la rapacité de la haute banque locale, secondée par l'avidité anglaise, en revanche, l'invasion qui imposa au pays la seconde Restauration fut une conception très-nette de la banque européenne coalisée.

Cette affirmation ne ressort pas seulement des jeux de bourse, elle est tout entière écrite dans les traités de 1815.

Le premier traité conclu le 30 mai 1814, entre les alliés et le roi de France, avait fait entrevoir à tous les pays que Napoléon avait rançonnés, pendant les conquêtes et après leur annexion, la possibilité d'obtenir aussi le payement de leur arriéré.

C'était le mot à l'ordre du jour.

Or cet arriéré était immense.

Tous les particuliers, tous les banquiers, tous les princes réclamaient *leur arriéré*.

Et comme les cent jours avaient causé des pertes imprévues aux alliés joueurs et gouverneurs, ceux-ci, violemment irrités contre la nation qui avait eu le mauvais goût de ne pas immédiatement emboîter le pas aux financiers faiseurs de rois; contre cette nation qui avait eu la témérité, tant

que la trahison n'avait pas achevé son
œuvre honteuse, de leur infliger, avec une
poignée d'hommes, une trentaine de défaites humiliantes ; les alliés, dis-je,
ajoutèrent aux réclamations particulières
et aux cessions territoriales une large indemnité en argent :

Indemnités de guerre	700 millions.	
Réclamations diverses	1.600	d°
Au total. . . .	2.300 millions.	

Sur les 1.600 millions, il y avait un
arriéré de solde de 4.000 reîtres fournis à
Henri IV par un principicule allemand.

Il était imposible de mieux démasquer
le but visé.

Ces 2.300.000.000 étaient nécessaires pour alimenter les finances de
toute l'Europe, et ils paraissaient suffisants
pour établir le fonctionnement indéfini

d'un mécanisme *aspirateur* de tout ce que l'individu français pourrait produire, annuellement, dans le présent et dans l'avenir.

Voilà pourtant à quoi l'on était arrivé pour n'avoir fait, en 89, qu'une demi-révolution.

Je ne me dissimule pas tout ce que quelques humanitaires aveugles vont trouver d'audace dans cette proposition.

Mais je les supplie de réfléchir que l'historien, n'écrivant pas sous l'influence d'une situation *actuelle*, ne voit et ne doit voir que les résultats atteints, sans s'arrêter à discuter les moyens employés.

Je vais plus loin, car je puis le dire aujourd'hui avec autant de logique :

Si la révolution de 1848 n'avait pas été étouffée, un peu par elle-même et beaucoup par autrui, nous n'aurions pas eu 1870.

On parle de progrès !

Rapprochez donc ces pauvres 2 milliards de 1815 des 5 milliards de 1870, et continuez donc à parler du progrès de nos institutions modernes !

Aussi lorsque, faisant un effort suprême, l'esprit humain se place au-dessus des éblouissements du chiffre, quand la raison pure, invoquant la saine logique, cherche à sonder les profondeurs que couvrent ces amoncellements, de quel immense dédain n'est-on pas saisi en présence de ces pygmées qui se croient des hommes d'État et ne sont que des courtauds de boutique, qu'on les étiquette Bismark ou Wellington, car ils ne voient pas, les ignares, qu'ils travaillent avec un beau zèle à conduire, non la France seulement, mais l'Europe, vers un cataclysme incommensurable, et que, s'il faut sacrifier au fétichisme des dates,

Cinq cents ans de finances locales ayant conduit la France à 1793,

Il n'aura fallu à l'Europe que cent années de finances internationales pour la conduire à 1893 !

———

Quoi qu'il en soit, l'année 1815 inaugura solennellement la toute-puissance politique de la haute banque européenne.

C'est alors que brillèrent diplomatiquement et métalliquement :

Les *Baring* de Londres et les *Hope* d'Amsterdam ; les *Rothschild* de Francfort, de Vienne, de Londres et de Paris ; les *Sina* de Vienne et les *Stieglitz* de Pétersbourg.

Une immense spéculation les mit en mouvement.

Nos financiers français firent alors triste figure; les Laffitte, les Ouvrard, les Roy furent distancés.

Les catholiques et les protestants furent surtout vaincus par les juifs.

Le champ était vaste, du reste.

Les 700 millions d'indemnité et les créances étrangères allaient donner lieu à un mouvement de fonds et à un jeu de bourse éblouissants.

Les financiers étrangers avaient fort admiré nos banquiers, prêtant tour à tour leur concours à chacun des gouvernements qui succédaient si rapidement les uns aux autres, et, tant était fort et toujours merveilleux le prestige de ce beau pays de France, le plus spirituel, le plus policé d'Europe, ils voulurent, eux aussi, les vainqueurs, prêter à leurs vaincus.

Cet élan a été fort préconisé par les économistes, et interprété par eux comme un tour de force et un bienfait du crédit.

Au fond, nous devons le constater, ce n'est nullement pour obéir à un sentiment d'humanité et de modération dans le droit de la guerre que les alliés agirent ainsi, mais uniquement par calcul et par égoïsme.

S'ils ne dévastèrent pas les établissements financiers, c'est qu'ils se réservaient la possibilité de s'emparer plus sûrement, par leur concours, de la fortune de chacun des citoyens.

Seuls les musées furent dépouillés, malgré quelques protestations.

Cela tient à une sorte de représaille exercée contre les agissements de Napoléon.

Car, en fait d'objet d'art, une indemnité pécuniaire ne saurait, à aucun degré, se substituer à la possession de l'original.

La haute banque européenne venait donc d'affirmer son pouvoir en protégeant nos banques, nos maisons de crédit, nos monts-de-piété, nos caisses d'amortissement.

Elle fit plus encore, elle affirma sa tyrannie dans les négociations qui devaient aboutir au fameux traité de 1815.

On ne peut, sans émotion, remonter à cette période de notre histoire où nous voyons un diplomate recommandable par ses grandes qualités, le duc de Richelieu, obligé d'implorer la caution des banquiers de la Sainte-Alliance et de lutter, pied à pied, pour ne pas leur laisser mettre une main avide sur le grand-livre de la dette publique.

IV

OCCUPATION FINANCIÈRE, 1815-1818

L'énergie de Richelieu ne put prévaloir entièrement.

Il lui fallut consentir aux prétentions de la haute banque, en ce qui concernait l'indemnité pécuniaire.

Mais il tint bon pour ce qui regardait le payement des créances particulières.

Richelieu ne voulait pas que les gouvernements étrangers fussent titulaires des rentes à inscrire en réparation des pertes subies par leurs sujets.

Il ne voulut admettre que ces sujets eux-mêmes comme créanciers.

Il obtenait par là la diffusion immédiate, la répartition et la dispersion des titres, et, par conséquent, il conjurait la menace d'un écrasement du marché, écrasement qui l'aurait mis à la merci de la banque coalisée pour toutes les questions d'emprunt.

Nous verrons bientôt comment s'y prirent les alliés et, à leur tête, l'Angleterre pour paralyser toutes ces sages précautions.

Dans le but de payer les 100 premiers millions de l'indemnité de guerre, on leva une contribution spéciale sur les ci-toyens.

Mais il fallait du temps pour effectuer

cette levée; il fallait le temps de dresser les listes et de centraliser les recettes.

Les alliés, ou du moins les banquiers, qui flairaient un escompte splendide, ne voulaient pas attendre.

Force fut donc au gouvernement de tirer des traites sur les préfets, lesquels étaient chargés de centraliser les collectes des receveurs généraux, et de les *négocier*.

L'éternel abbé Louis était revenu aux finances.

On divisa les 600 millions restants en quinze engagements, payables par quart, de quatre en quatre mois, à dater du 31 mars 1816, et échangeables, trente jours avant leur échéance, contre des bons du trésor, au porteur.

Ces bons du trésor devaient être, à leur tour, ménagés de telle façon qu'il n'y eût jamais plus de 50 millions à la fois en circulation.

Cet arrangement retrace bien la lutte.

Les bons du trésor furent une concession faite par Richelieu ; mais la restriction de 50 millions fut sa revanche, partielle malheureusement.

Jusque-là le grand-livre avait été défendu et les intermédiaires ordinaires des avances sur rentes un peu écartés.

Cependant il fallut faire à cet égard une nouvelle concession.

Il fallut donner une garantie du payement régulier de ces traites et de ces bons du trésor.

Les banquiers stipulèrent à cet effet la remise d'une *inscription de rente* de 7 millions de francs, sur le grand-livre de la dette consolidée 5 p. 100.

Forcé d'en passer par là, Richelieu stipule, à son tour, que cette inscription ne serait ni négociable ni productrice d'arrérages, et ne pourrait être acquise qu'à défaut de payement régulier; au contraire, en cas de régularité, elle ne devait être fondue qu'avec le dernier terme de payement des 100 derniers millions.

Les intentions de Richelieu étaient excellentes; il se disait, et avec raison, qu'une contribution de guerre levée directement était un malheur momentané, mais que la consolidation d'un emprunt, remplaçant cette levée directe, était une plaie rongeuse d'une éternelle durée.

C'est ce qu'on a absolument méconnu en 1870.

A ce moment une levée directe, forcément proportionnelle, eût touché droit au cœur

la propriété pécuniaire, ce qui était logique.

Tandis qu'un emprunt consolidé créait
un vaste champ au jeu de bourse, et esca-
motait, pour ainsi dire, aux yeux de la
population, le côté odieux de la rançon
payée.

Et le peuple est tellement aveuglé par
les sophismes des financiers modernes,
auxquels il ne comprend rien, qu'il se
laisse prendre, par le *jeu*, dix fois plus que
ce qu'il verserait directement et utilement.

Bien plus, il croit qu'une souscription
publique à un emprunt, dans de telles conditions, est un placement lucratif, et il ne
s'aperçoit pas que, contre la somme qu'il
donne, sous condition de 5 p. 100 nominal,
on lui imposera 10 à 15 p. 100, de sorte
qu'il recevra d'une main 5 francs, et de

l'autre versera 15 francs, déficit 10 francs à payer en plus.

Où est le placement?

Pour en revenir à 1815, il nous reste à examiner le grand inconnu du moment : la liquidation des créances particulières.

Elles étaient de deux sortes :

Les unes, celles des Anglais, étaient les mêmes que celles composant l'arriéré des fournisseurs ou des banquiers français réclamé à l'Empire, et comprenaient aussi la restitution des confiscations, en meubles ou immeubles, opérées depuis 1792 sur tous les possesseurs, anglais ou français.

Les autres créances particulères, y compris encore les Anglais, consistaient pure-

6

ment et simplement en une indemnisation des emprunts ou contributions levées par Napoléon ou ses agents, suivant des formes légales, dans les pays annexés.

On affecta directement, et sans négociation préalable avec les banquiers, une inscription de 3.500.000 francs de rente 5 p. 100 aux créanciers anglais seuls, et une autre inscription de même valeur aux créanciers alliés, Anglais, Prussiens, Russes, Autrichiens, etc., traitant en commun.

Deux conventions relatent ces dispositions : l'une spéciale aux Anglais exclusivement, l'autre générale aux alliés, y compris les Anglais.

Toutes deux portent la date du 20 novembre 1815.

Le grand-livre avait donc à enregistrer,

de ce chef, 7 millions de rente, moitié pour les Anglais, moitié pour les alliés.

Fidèle à sa résolution de proscrire l'agiotage, Richelieu avait pris les précautions suivantes :

Ces rentes ne seraient pas négociables.

Leurs arrérages semestriels seraient exclusivement consacrés à acheter des rentes nouvelles, sur le marché, constituant ainsi l'intérêt accumulé et composé en faveur du créancier reconnu, jusqu'au moment de sa reconnaissance.

Et, finalement, si, après liquidation, ces 7 millions de rente n'étaient pas épuisés, le solde, avec la proportion de rentes achetées qui lui appartiendrait, serait restitué au trésor français.

Par ce moyen Richelieu obtenait trois résultats :

Il arrêtait l'exportation du numéraire ; il relevait le marché commè par le jeu d'un amortissement régulier, et enfin, au cas d'un concours forcé de la haute banque, le taux de la rente étant soutenu, il se trouverait moins à la discrétion de la finance coalisée.

C'était, comme on le voit, la guerre déclarée à la haute finance.

Mais ce n'était pas tout.

Après avoir inscrit des rentes 5 p. 100 au profit des créances à valider, il fallait fixer le taux auquel elles seraient calculées pour représenter le capital réclamé.

Deux sortes de cas pouvaient se présenter :

Le premier est celui des anciens porteurs de rentes françaises, dépouillés de leur titre.

Ici aucune évaluation : à qui avait 100 francs de rente, on rendait 100 francs de rente.

Le second cas était celui de *capitaux* représentant des meubles ou des immeubles perdus.

C'est ici qu'une évaluation était nécessaire, et elle fut différente dans les deux conventions.

Pour les alliés, les rentes devaient être inscrites au pair, donc à 100 francs. tandis que sur le marché elles étaient à 53ᶠ,30.

Mais cette inscription au pair était subordonnée à une condition.

Pour certaines créances, le pair ne serait admis qu'au cas où la rente serait cotée 75 francs, la France s'engageant à bonifier la différence entre ce cours et celui réellement coté; donc au cours de 53ᶠ,30, la

France bonifiait 21^f,70 de capital; si la rente montait à 70 francs, elle ne bonifiait plus que 5 francs.

Ce qui revient à dire que, selon le cours public de la rente, on inscrivait celles accordées à 100 francs moins 21^f,70, ou à 100 francs moins 5 francs, soit par conséquent à 78^f.30 ou à 95 francs, et ainsi de suite.

Pour d'autres créances cataloguées, le même système était adopté; mais la base, au lieu d'être 75 francs, était seulement 60 francs.

Grâce à cette manière de fixer la capitalisation des rentes à délivrer, la France avait pour elle tout l'aléa de la hausse, et, en se souvenant que, le jour de la signature de ces traités, la rente faisait 53^f,30, on peut penser si Ouvrard, et Laffitte, et Hope, et Baring eussent jamais accepté de pareilles conditions.

Nous avons dit que le taux de capitalisation avait été différent pour les alliés et pour les Anglais.

venons d'indiquer le taux accordé aux alliés en général; voyons maintenant le taux accordé aux Anglais seuls.

On avait adopté, dans leur convention particulière, le même mécanisme de rentes non aliénables, d'achats successifs, avec les arrérages, de *restitution*, en cas d'excédant après liquidation, et l'on ajouta :

Que les rentes accordées ne seraient délivrées que par cinquièmes coupures trimestrielles, ce qui immobilisait, pendant quinze mois, l'inscription, même après son attribution à l'indemnitaire reconnu fondé.

Avec les Anglais, fort avancés indivi-
duellement dans les affaires de bourse, il
fallait ce surcroît de précaution.

Mais victorieux sur tous les points, Richelieu fut battu sur le taux de capitalisation.

Il fallut accepter un taux immuable, sans
aléa, commun à tous les créanciers, et ce
fut celui qui ressortirait, comme moyenne,
entre le pair et le cours du jour de la convention.

Par conséquent 76',65.

Tel fut ce règlement, auquel participa,
avec une rare clairvoyance, M. Corvetto,
successeur de l'abbé Louis.

Les banquiers étaient exaspérés d'être
écartés de ce règlement des créances particulières; aussi prirent-ils leur revanche
en achetant d'avance toutes celles qu'ils

purent trouver, de telle sorte que M. de Richelieu devait, malgré ses précautions, rencontrer encore la haute banque derrière chacune de ces réclamations particulières, acquises, au plus bas prix, par elle.

Ce fut dans ce genre d'opérations que le jeune James Rothschild fit, à Paris, ses premières armes.

Un fait est encore à noter avant de procéder à l'examen du payement de l'indemnité de guerre, au sujet duquel nous allons constater la vengeance des hauts financiers étrangers : c'est le jeu singulier de la bourse depuis l'occupation.

Elle avait monté à cause de Waterloo.

De 53 francs en juin, elle avait poussé la rente à 69^f,75 en août.

Par quel étrange phénomène, alors que tout s'arrangeait, alors que l'on signait les traités, la rente tombait-elle à 53^f,30 le jour de cette signature, et à 52^f,30 le lendemain, 21 novembre?

Quelle raison y avait-il, en décembre, pour remonter à 64 francs et retomber immédiatement à 52^f,30, avec un écart de 12 à 15 francs?

Autant de mystères, que les pages suivantes pourront quelque peu éclaircir.

———

La fin de l'année 1815 se passa pour la haute banque dans les alternatives d'espérances d'emprunts, suivies bientôt de déceptions.

Les contributions de guerre rentraient régulièrement, il fallait se borner à l'escompte des traites des 100 premiers millions.

Mais, en attendant l'heure d'aviser au payement des 600 autres millions, on entretenait le marché dans un état de faiblesse suffisant pour pouvoir d'en devenir facilement le maître au moment opportun.

Les financiers avaient donc organisé une lutte sourde contre la hausse, et cette lutte se prolongea bien avant dans l'année 1816.

En effet, dans le courant de cette année, la rente 5 p. 100 cota son plus haut cours 64ᶠ,40 en février et, à dater de mars, elle ne dépassa plus 60 francs.

Cours moyen pour l'année : 59ᶠ,25.

Dans le courant de cette même année, le premier crédit, demandé aux Chambres et obtenu par M. Corvetto, avait été de 6 millions de rente.

Aucun banquier français n'avait voulu les prendre !

Les naïfs ou les hommes de parti qui ont raconté ce fait l'ont attribué à *l'impuissance* de la finance française.

C'est là une mauvaise plaisanterie.

Ouvrard, le moins sérieux des banquiers, avait pu placer 5 millions de rente à un moment bien plus critique, et des hommes comme MM. Laffitte, Sanlot-Baguenault, Délessert, Hottinguer et tant d'autres auraient été impuissants?

Non. La vérité, la voici :

M. Corvetto avait cherché à diriger son ministère dans le sens des idées du duc de Richelieu.

Il avait cherché à protéger le grand-livre contre l'envahissement des financiers de tous pays et à reconstituer l'amortissement.

Mais cet effort d'une honnête intention

ne devait pas résister aux coalitions d'intérêt.

Les alliés étaient impatients.

Ils ne laissaient pas au gouvernement le
temps de respirer.

D'ailleurs, il fallait de l'argent à Blu-
cher pour le perdre à Frascati, à Wellington pour payer ses maîtresses, aux
menus monarques pour fermer la bouche
à leurs sujets affamés, dont une victoire
inespérée avait surexcité les appétits.

De son côté, la banque étrangère
brûlait de mettre la main dans nos affaires *mathématiquement*, puisque les souverains ne l'avaient pas fait *belliqueuse-*
ment.

De là des compétitions infinies et pleines
d'acrimonies ; car tout le monde spéculait,
tout le monde, y compris *Monsieur* frère du

roi, et le duc d'Osmond et le comte de Bruges.

C'est uniquement sous ce point de vue qu'il faut envisager la grande discussion financière de 1816, si naïvement appréciée par les historiens.

Jusqu'ici, en effet, les banquiers étrangers, et à leur tête le jeune Rothschild, qui, modestement installé d'abord rue Le Pelletier, venait d'agrandir quelque peu ses bureaux en les transportant rue de Provence, s'étaient bornés à acheter les créances des particuliers, qu'on liquidait conformément aux conventions du 20 novembre 1815.

Quant aux banquiers français, ils avaient fait une opération identique sur l'arriéré national, mais avec moins de bonheur, toutefois, que les juifs allemands, prussiens ou anglais, car on n'en était pas encore venu à liquider ce malheureux arriéré.

D'où mécontentement général.

Le résultat de cette situation fut celui-ci :

Les 6 millions de rente mises à la disposition du ministère furent très-peu placés en France, mais, pour la plus grande partie, à Amsterdam, au prix moyen de 57 fr. 26 c., soit à 2 francs au-dessous du cours moyen de l'année entière.

C'était désastreux.

Une autre circonstance avait indisposé deux princes de la finance : MM. Laffitte et Ouvrard.

M. Corvetto avait trouvé mauvais que ces messieurs eussent accepté des rentes prises à la caisse d'amortissement.

Or on sait que M. Corvetto fut le protecteur le plus acharné et le restaurateur le plus habile de cette institution, si utile entre des mains honnêtes ; néanmoins en poursuivant Ouvrard et Laffitte, ce ministre obéissait plutôt au besoin de défendre son système de prédilection qu'à une hostilité convaincue contre l'intervention de la haute banque, dont, au fond, il cultivait et appréciait le concours, plus par nécessité que par goût, il faut le reconnaître à sa louange.

Donc M. Corvetto voulut contraindre ces deux financiers à restituer, l'un 5 millions, l'autre 200.000 francs de rente.

Contre cette dernière somme de rentes déposées, M. Laffitte avait avancé 2 millions, — 10 p. 100, comme Ouvrard.

M. Jacques Laffitte trouva moyen de se justifier et sauva, du même coup, son collègue.

Il écrivit au ministre une lettre dans laquelle il expliqua que les circonstances avaient été graves et exceptionnelles, qu'il fallait éloigner à tout prix l'armée de la Loire, pour protéger *le retour du roi bien aimé;* que lui, régent de la banque, sur laquelle on voulait pratiquer un emprunt forcé, ne pouvait permettre une semblable exaction, et que, par patriotisme, il avait fait lui-même les fonds nécessaires à payer l'armée.

En bon français, cela voulait dire :

« La banque allait réaliser illégalement « un bénéfice de 10 p. 100, je me suis « sacrifié à sa place. »

Devant un pareil argument M. Corvetto n'avait qu'à s'incliner; il s'inclina, mais il dut se jeter dans les bras de MM. Hope et Baring.

Pendant que cela se passait dans les bureaux du ministère, la lutte parlementaire était en plein développement.

De ce côté la résistance prenait un autre prétexte.

M. Corvetto voulait faire de l'argent, avec les forêts de l'État, pour payer l'arriéré, au lieu de continuer l'émission ruineuse des bons royaux à 8 p. 100, pratiquée par le baron abbé Louis.

De là la grande colère du Parlement.

Les bois venaient pour la pluspart du clergé; vendre ces bois, c'était attaquer la religion; d'ailleurs, mauvaise affaire; on n'en retirerait pas un prix sérieux, et cela ferait encore baisser la propriété.

Or il faut savoir que le Parlement était composé en majorité de gros propriétaires fonciers.

En conséquence la Chambre accordait volontiers le payement de l'arriéré, mais en rentes sur l'État et non en vente des forêts.

Donc, encore, arrêt immédiat de cette vente des bois.

Le ministère dut transiger ; il liquida les créances arriérées, par voie de reconnaissances de liquidation non négociables, mais transmissibles, cependant, par les voies ordinaires, et l'on supprima l'aliénation des bois.

Ce succès du Parlement lui coûta la vie.

On le congédia, et celui qui le remplaça vota, du premier coup, tout le contraire. On reprit donc la vente des bois ; la haute banque les acheta au plus bas possible.

Cette ressource ne suffit pas.

Du reste, la suprématie de Hope et Baring s'affirmait tous les jours.

Le 10 février et le 11 mars 1817, M. Corvetto avait dû, humblement, traiter avec eux et leur confier le placement d'abord de............ 9.090.909^r de rentes 5 p. 100.

Puis de.... 8.620.689^r de rentes 5 p. 100.

En total.. 17.711.698 de rentes 5 p. 100.

Le grand-livre était enfin ouvert !

Ces messieurs prirent les premières à 52^r,50 ; les secondes à 55^r,50.

Et, pendant ce temps, la rente faisait sur le marché :

En février.... 61,40 et 59^r,50.

En mars...... 61,75 et 59^r,50.

Ce qui revient à dire :

Que l'on inscrivait, à la charge des contribuables, le service, à perpétuité, d'une rente à 9 p. 100 en moyenne, au bénéfice de l'étranger.

C'était absolument le contraire du but que s'était proposé Richelieu en rédigeant, si habilement pourtant, les conventions de 1815.

V

LIBÉRATION FINANCIÈRE, 1818-1829.
CHUTE DE LA RESTAURATION

Nous n'entreprendrons pas d'écrire l'histoire de toutes les négociations de cette période de la Restauration.

Nous devons précipiter nos aperçus et surtout moins analyser les diverses manœuvres spoliatrices de la haute banque que signaler leur trait d'union avec leur résultat définitif, qui est le renversement de chaque gouvernement.

Nous ne pouvons, néanmoins, passer sous silence la libération financière et les crises qui l'accompagnèrent, car c'est par elles que commencèrent les premières attaques sérieuses qu'eut à subir la Restauration.

La liquidation des créances particulières avait suivi son cours.

Mais celles qui résultaient de la convention faite avec les alliés en général accusaient de telles exagérations que le duc de Richelieu, d'accord en cela avec l'empereur Alexandre, dut y mettre quelque tempérament.

On se rappelle que, pour cette série de créances, on devait bonifier sur le pair la différence entre le cours réel de la rente et les cours conventionnels, fixés dans un cas à 75 et dans l'autre à 60.

Or le cours moyen de 1816 ayant été 59ᶠ,25 et le cours moyen de 1817.......... 63ᶠ,90 on conçoit que les bonifications plus haut indiquées n'avaient pu fournir à la France une situation plus favorable quant au placement des rentes ; les créances basées sur 75 étant beaucoup plus nombreuses que celles basées sur 60, le taux d'inscription avait presque toujours été fort loin du pair.

Pour 1816 il avait été de......... 84ᶠ,25 et pour 1817 de.................... 88ᶠ,90 De plus, aux premiers 3.500.000 francs de rentes accordées, il avait fallu ajouter 2 nouveaux millions, soit, au total, 5 millions 1/2 de rentes, qui avaient été absorbés, et il restait encore 1.300 *millions* à liquider ; c'était du moins la prétention des alliés.

Ces 1.300 millions, au cours moyen de 1817, eussent exigé 73 millions de rente à inscrire au grand-livre.

De ce côté donc la stipulation de Richelieu concernant le retour d'un solde à la France était une illusion perdue.

Il fallait proposer une transaction.

Les alliés, d'ailleurs, étaient assez disposés à l'accueillir. Ils souhaitaient de répartir chez eux, *à l'abri du contrôle français*, les futures indemnités sur le grand-livre, lesquelles n'étaient pas assez facilement acquérables par leurs banquiers; enfin ils consentaient à se retirer munis d'un gros chiffre de ces bienheureuses rentes 5 p. 100, si ardemment convoitées.

Wellington avait plusieurs raisons pour prêter la main à cette transaction.

D'abord on avait failli l'assassiner; ensuite

le czar, mystique et dévot, trouvant que ses troupes se corrompaient au contact de la population française, pesait sur le chef anglais.

Paris avait dompté les horse-guards aussi bien que les uhlans et les cosaques.

Car si la finance politique ne prospérait pas, le commerce parisien rançonnait les étrangers et s'enrichissait à leurs dépens.

Les cafés, les restaurants, les boutiques de tous genres vendaient leurs denrées ou leurs marchandises à des prix insensés.

Ce fut l'époque des grandes fortunes dans ce genre de commerce.

Donc tout encourageait la demande d'une rançon définitive, sous prétexte d'une évacuation dont on avait envie sans vouloir l'avouer.

Mais quand on arriva aux chiffres, la querelle s'envenima.

La force resta à la fois au moins intéressé, le czar, et au plus repu, Wellington.

On ne s'inquiéta pas des autres. Voilà pour le camp ennemi.

Pour la France, ce fut un triomphe de loyauté diplomatique : car, quelque concession qu'on lui fît, elle donnait toujours plus qu'on n'avait le droit de lui demander.

Les alliés transigèrent moyennant la remise d'une inscription de rente 5 p. 100 de 12.040.000 francs, *négociable* cette fois.

Cette clause leur fit accepter la grosse réduction sur leur demande qui s'élevait, comme nous l'avons dit, à 73 millions de rente.

Quant aux 700 millions d'indemnité de

guerre, ils étaient intégralement exigibles.

Les Anglais ne voulurent accepter aucune transaction ; par une convention spéciale, ils exigèrent l'exécution intégrale et conti-nue de la convention du 20 novembre, dans toutes ses clauses, et ils obtinrent un se-cond dépôt de 3 millions de rentes, mais non négociables (dernière victoire de Richelieu), pour achever leur liquidation, conformément aux prescriptions de la con-vention qui leur était particulière.

Pour réussir à ce degré, le gouverne-ment britannique avait fait valoir : que ses créances étaient identiques à celles de l'ar-riéré français et des propriétaires dépouillés par la révolution ; que ce n'était pas le cas de faire une transaction, puisqu'il s'agissait de dettes de droit commun et qu'il ne vou-lait rien *pour lui*, mais seulement *pour ses nationaux;* qu'en conséquence ceux-ci devaient être, comme par le passé, inscrits sur le grand-livre de la dette publique de France, jusqu'au dernier centime dû.

Seulement tout ceci fut dit à l'oreille, car, extérieurement, l'Angleterre eut l'air de faire un sacrifice, trompant ainsi ses alliés en exagérant ses demandes pendant la négociation, comme elle les trompa plus tard en simulant un déficit, ainsi que nous le verrons.

Les Espagnols traitèrent dans le même sens, contre remise d'un million de rente, sauf, comme pour les Anglais, compte à faire ultérieurement.

Enfin les liquidations devaient, pour la facilité de tous, se terminer dans les pays respectifs des indemnitaires.

Les conventions qui réglèrent ainsi les

créances particulières sont datées du 25 avril 1818.

Il restait maintenant à payer le solde des 700 millions.

L'emprunt fait avec la maison Baring avait profondément irrité M. Laffitte et un nouveau venu dans le monde financier politique, M. Casimir Périer.

Ils combattirent, à outrance, le ministère dans la session de 1817 et, dans un sens différent au point de vue politique, se trouvèrent appuyés par un Gascon à la brillante faconde, M. de Villèle.

Le résultat de cette opposition des deux financiers fut, non pas, comme ils pouvaient s'y attendre, de les rendre adjudicataires de l'emprunt libérateur, mais d'empêcher qu'ostensiblement du moins, il fût concédé à MM. Hope et Baring.

L'emprunt de 1818 fut donc offert au public.

Il faut bien se rendre compte que le ministère ne pouvait pas choisir, publiquement, une maison française, après avoir traité, jusque-là, presque exclusivement, avec Baring et Hope, trésoriers de la Sainte-Alliance.

D'ailleurs on avait encore besoin de ces deux puissances ;

Et si elles parurent se résigner à ne point imposer leur suprématie, c'est que la convention des alliés, qui, en réglant les créances particulières, avait stipulé 12.040.000 francs de rentes *négociables*, les avait déjà quelque peu satisfaits, au point qu'ils avaient admis pour une part le concours du jeune Rothschild.

Ils ne se défiaient pas encore de ce soleil

levant qui ne devait pas tarder à les éclip-
ser pour longtemps.

Quoi qu'il en soit, ce fut sous l'apparence
d'une souscription publique que la haute
banque de Paris, amenée à résipiscence,
put couvrir largement, tout comme de nos
jours, où la publicité est aussi sincère, les
15 millions de rente offerts à son avidité.

Ce jour-là M. de Richelieu aurait pu
être aussi triomphant que M. Thiers
en 1872. Il n'y songea même pas,
car pour lui il n'y avait pas matière à
triomphe.

Le taux de la négociation fut 66 fr. 50
(7 fr. 52 p. 100); au même moment
la bourse de Paris cotait le 5 p. 100 à
69 fr. 60 et à 67 fr. 25, cours extrêmes
(mai 1818). Or, dès le mois suivant, par un
mouvement qui tient du miracle, elle mon-

tait à 74 fr. 50, probablement à *cause de l'abondance du titre!*

Les historiens vous diront que ce fut là une manifestation patriotique, tant la France était *heureuse* de ce que la haute banque lui extorquait son épargne !

Mais alors, j'ai quelque souci de savoir comment les mêmes historiens interpréteront cet autre sentiment de la France, témoigné, par la bourse, en décembre de cette même année 1818, époque où la libération n'était plus une espérance, mais un fait solennellement annoncé par le roi le 10 décembre, et où la rente 5 p. 100 tomba tout à coup à 60 francs.

O sincérité de la finance !

Cette baisse avait été le produit d'une lutte entre les financiers français et les financiers étrangers, et dans cet étrange duel ce ne fut pas la France qui fut la plus heureuse.

Baring, donnant son concours, avait toujours voulu être le seul maître du marché.

Après la libération une même inspiration avait germé dans tous les cerveaux financiers : réaliser.

Les belles espérances avaient affolé les têtes. On jouait sur tout, même sur les certificats de liquidation de toutes provenances.

Or, pendant que les détenteurs de l'emprunt de 1818 aidaient à la hausse pour se décharger avec une large prime sur le dos du public, les puissances, malgré les précautions de Richelieu, vendaient soit directement, soit par leurs banquiers, Rothschild entre autres et surtout Baring.

Ces deux courants contraires se neutra-

lisèrent quelque temps; mais, à la première
faiblesse de l'un des deux camps, cette faiblesse dégénéra en vertige dont les habiles
surent parfaitement profiter, notamment
les Anglais.

Pour mettre un terme à ces curieuses
luttes entre les banquiers, les alliés, qui
avaient en mains le moyen de biseauter les
cartes, simulèrent tout à coup une hésita-
tion, et parurent vouloir suspendre l'évacuation.

La comédie fut admirablement jouée et
tourna au triomphe le plus complet de
MM. Baring et Hope.

C'est alors, en effet, qu'ils durent inter-
venir au nom de leurs intérêts menacés,
et par conséquent au nom de l'intérêt de
la Sainte-Alliance; ils se transportèrent avec
Richelieu à Aix-la-Chapelle, écartèrent dé-

finitivement Rothschild (qui, luttant pour sa maison comme Villèle, Laffitte, Périer, pour eux et leur système, était aussi allé à Aix-la-Chapelle, dans le but d'offrir son concours), et enfin réussirent à *cautionner seuls la Restauration.*

L'évacuation eut lieu.

Le succès de ces messieurs de Londres et d'Amsterdam coûta cher à notre pays.

En moins de deux années ils s'étaient trouvés adjudicataires, soit indirectement, soit par traité officiel, de 57.238.933 fr. de rente 5 p. 100, au prix moyen de 59 fr. 75.

Et cependant, durant la même période, le cours moyen du 5 p. 100 fut 67f,27.

Ils avaient donc pu réaliser une prime moyenne de 86 millions environ, sans

compter les commisssions et les sous-com-
missions.

Ils pouvaient dès lors quitter la France
et jouir de leurs économies.

Et en effet ils s'effacèrent peu à peu de
la grande scène politique.

———

Cette retraite de Hope et Baring eut
pour résultat de laisser le champ libre à la
dynastie des Rothschild.

Ceux-ci, écartés d'abord des emprunts
directs, s'étaient voués à la spécialité des
liquidations particulières.

Forts de la protection avouée de Metternich, comme Hope et Baring l'avaient
été de celle de Wellington, ils ne tardèrent
pas à faire apprécier leurs services.

Les Hope et Baring restèrent donc les

financiers politiques de la Sainte-Alliance ; mais les Rothschild devinrent ses trésoriers jurés, si bien que l'Angleterre elle-même adopta bientôt eur concours, pour des opérations moins vastes peut-être que celles de leurs rivaux, mais, à coup sûr, tout aussi lucratives.

Le futur baron de Rothschild essaya donc ses forces.

Il ne put pas en 1821 enlever à MM. Hottinguer, Baguenault et Délessert l'émission de 9.585.220 fr. de rente, faite le 9 août de cette année, mais il prit une glorieuse revanche le 10 juillet 1823 en se chargeant *seul* d'une émission de 23 millions de rente 5 p. 100, distançant ainsi tous les autres financiers qui entouraient le roi.

En 1821 la Restauration ne pouvait pas

encore trop s'écarter de ses financiers politiques.

Elle l'avait bien prouvé en refusant à la
baronne de Rothschild le tabouret qu'elle
avait osé demander.

— Fi! vous n'y songez pas! avait dit la
duchesse d'Angoulême.

— Fingt bur cent! avait grommelé l'Allemand. Cette menace était la moins re-
doutable à ce moment.

En effet, la Restauration avait à se con-
cilier d'abord ces mêmes hommes dont
Richelieu n'avait pas accueilli les services,
et qui, cependant, avaient accaparé l'état-
major de la garde nationale et le Parlement, deux forces à ménager.

Mais en 1823 Richelieu était mort.

Pour expliquer comment, tout à coup, à
cette époque, le très-audacieux James de

Rothschild avait pu dominer ainsi la haute banque de Paris, nous sommes obligé de reprendre l'histoire particulière de la liquidation des créances concernant spécialement l'Angleterre.

D'ailleurs cette histoire, toujours négligée par les écrivains, trop peu soucieux d'approfondir les détails, se lie plus qu'on ne peut le croire aux événements qui renversèrent les gouvernements successeurs de la Restauration, et cette Restauration elle-même.

Nous avons vu que l'une des conventions de 1818 avait alloué, par forfait, aux alliés, une inscription de 12 millions de rentes négociables.

Baring en avait une partie, Rothschild, comme représentant ou comme acquéreur de la masse des réclamations allemandes,

8.

avait l'autre, et ce n'était pas la plus petite.

Au congrès de Laybak et de Troppau, Rothschild de Vienne avait pu déjà signaler ses services à Metternich, et réussir les emprunts de la Sainte-Alliance, alors séparée de l'Angleterre et de la Hollande sur un point de vue politique.

A cette occasion les quatre frères Rothchild furent nommés barons.

Celui de Paris, James, nouveau baron, avait en outre besoin, pour assurer son inviolabilité, d'être commissionné sous une forme quelconque par son gouvernement.

On le fit consul général d'Autriche.

Ainsi inviolable, car il paraît que des menaces sérieuses lui avaient été adressées anonymement, il put continuer ses opérations.

A ce propos nous ne pouvons assez

nous étonner du choix de M. Rothschild comme point de mire de menaces quelconques.

Menaçait-on sa fortune? Mais il y avait à Paris à ce moment des financiers plus riches que lui.

Menaçait-on sa nationalité? Pourquoi? L'évacuation était terminée.

Il ne faut voir, dans cette direction prise par des haines, assurément blâmables, que le résultat de l'immixtion fort approfondie de ce financier dans les créances particulières dont je viens de parler, et des bénéfices par lui réalisés, logiquement, sinon régulièrement, au lieu et place des réclamants originaires.

Quoi qu'il en soit, M. de Rothschild avait transporté ses bureaux rue de la Chaussée-d'Antin, où il avait acheté l'ancien hôtel du ministre Fouché, et y avait développé ses opérations.

Outre la liquidation des créances générales aux alliés, il avait pris aussi le service des fonds relatifs à celle des créances spéciales à la Grande-Bretagne et à l'Espagne.

De ce côté tout n'était pas fini, et le résultat final pouvait créer un excédant en faveur de la France.

L'Espagne échappa peut-être au banquier, par suite d'une convention diplomatique spéciale et *secrète*, mais l'Angleterre lui resta.

Pour cette nation il y avait deux opérations à faire :

Il y avait à se charger de percevoir les semestres de rentes et en opérer le remploi sur le marché de Paris conformément aux conventions.

Il y avait, également, à acquérir les créances reconnues aux titulaires, et à les leur escompter quand ils seraient las d'attendre leur liquidation définitive.

Au reste, leur attente était généralement fort longue ; aussi était-il aisé de faire consentir leur impatience ou leur misère aux plus larges concessions.

Après 1818, ce dernier genre d'opération ne pouvait plus se faire à Paris, puisque la liquidation se poursuivait à Londres ; mais, pendant la première période, renfermant les délais dans lesquels les réclamants avaient à produire leurs titres, sous peine de déchéance, on avait eu tout le temps nécessaire à colliger ce qui était digne de l'être.

Le baron James, après 1818, continua donc seulement à faire le service financier de la commission de Londres.

Cette commission, de son côté, condui-
sait cette liquidation avec une lenteur sur-
prenante. En 1822, son procédé ayant, depuis longtemps, consisté à s'approprier les
rentes à 76 fr. 65 (capitalisation inscrite au
traité), pour les revendre aux cours plus
élevés qui suivirent l'évacuation définitive,
elle avait pu payer en argent tous les réclamants, en violation des traités, en violation de leur droit, et publier, néanmoins,
dès 1821, *un déficit.*

Ce déficit était si réel qu'en septembre
1822 elle avait pu consigner chez Rothschild, entre autres fonds, *un million* de
rentes inutiles à la liquidation.

Celui-ci s'était prêté à toutes les combi-
naisons de la commission anglaise ; il avait
acheté des rentes avec les arrérages ; il en
avait vendu d'autres, en violation des trai-

tés, et avait, en tout point, si bien conduit ses affaires, qu'en septembre 1822 il avait fait avec le gouvernement français, récemment privé de son ministre des affaires étrangères, Richelieu, comme aussi de son ministre des finances, Corvetto, sa première négociation, consistant à prendre 120 millions de bons du Trésor à 6 p. 100, avec commission.

Sur le marché, ces bons du Trésor se négociaient à 4 p. 100.

Fort de ce bénéfice et de ce succès, lié dès lors avec M. de Villèle qui, étrangeté des exigences politiques, devenu ministre, avait rompu avec les Laffitte et les Casimir Périer, qualifiés de *révolutionnaires*, il devint assez puissant pour battre, comme nous l'avons dit, en 1823, ce même Laffitte, et avec lui M. Lapanouse, parent de Villèle, et M. Sartoris.

Quant à la liquidation des réclamations anglaises, elle continuait à s'éterniser ; aussi la retrouverons-nous dans une dizaine d'années, toujours lente, toujours violatrice des traités internationaux et, comme par un hasard singulier, toujours liée aux heureuses aventures du baron financier et consul de Sa Majesté Autrichienne.

————

Louis XVIII était mort et remplacé par Charles X.

L'édifice financier de Richelieu et Corvetto avait pu subsister quelque temps, malgré quelques modifications de personnes ; mais le système de la Restauration le dénatura bientôt, en produisant, fatalement, le vide dans les finances populaires, et au milieu du triomphe des maisons de banque on entrevit soudain la révolte du peuple affamé.

Le gouvernement avait froissé encore une fois les financiers politiques en adoptant un étranger, et ceux-ci, voyant le populaire en mouvement, n'eurent plus qu'une idée, se mettre à la tête de la révolte, paraître la diriger pour la dominer, et chercher un nouveau *manche* plus docile à leur main pour continuer le fonctionnement de la pompe aspirante de la fortune publique.

Ce plan fut adopté comme dans un accord tacite, et devint le mot d'ordre des financiers politiques de la France.

C'est ce que nous allons raconter dans le chapitre suivant.

VI

LA RÉVOLUTION DE 1830

Le triomphe des financiers avait été trop évident, sous la Restauration, pour qu'on laissât misérablement trôner les grands et les petits barons sous les galeries du Palais-Royal.

On leur bâtit donc un palais spécial, au milieu de la rue Vivienne, et on l'inaugura en 1823.

Pendant ce même temps on élevait, rue de Rivoli, le triste ministère des finances, qui fut si prestement « flambé » en 1871.

Malgré cela, quelle piètre royauté que celle des banquiers, qui côtoyaient à chaque instant les ducs et les pairs, même quand ils étaient chez eux, au palais Vivienne !

Ils convoitaient les Tuileries.

Jacques Laffitte et Casimir Périer n'avaient pas encore été ministres !

Depuis le couronnement de James, baron de Rothschild, la haute banque de Paris était oisive.

Elle cherchait bien, par-ci, par-là, quelque aventure à l'étranger, mais il lui était impossible de lutter avec le financier consul d'Autriche.

Ce dernier n'était distançable que sur un point :

Étranger, il ne pouvait pas être ministre du roi de France.

Quant au marché des fonds publics, il n'offrait pas matière à grand agiotage.

La rente avait dépassé le pair.

Les acheteurs à 52 ou à 60 préféraient jouir de leur revenu à 8 ou 9 p. 100 plutôt que de réaliser un capital d'un remploi devenu difficile.

L'Espagne seule offrait, en ce moment, quelque avantage.

Mais Ouvrard s'y était jeté à corps perdu, pour finir ensuite à Sainte-Pélagie et succomber sous les coups de son ancien confrère, M. Séguin.

Un Espagnol, M. Aguado, était plus heureux ; il venait d'inventer les subsides aux journaux financiers, comme autrefois l'Angleterre avait trouvé les subsides aux puissances européennes. Et avec ce balancier, si perfectionné de nos jours, M. Aguado battait monnaie sur le dos de la France, tout comme l'Angleterre sur le dos de l'Europe.

Au milieu de cette pénurie relative des grosses opérations, la caisse d'amortissement, suivant l'impulsion que lui avait donnée M. Corvetto, fonctionnait avec une régularité mathématique.

Ce fut, non la finance française, mais le vigilant baron consul d'Autriche, qui s'avisa tout à coup, le premier, que racheter à 105 des rentes vendues à Baring et consorts 52 ou 60 était une absurdité légale, et il jeta l'idée d'une conversion.

Dans cette innovation il trouvait un nouvel accroissement de ses immenses richesses.

Le fantôme d'un 3 p. 100 dansait déjà dans la cervelle gouvernementale.

On voulait préparer l'avénement du milliard des émigrés sur le grand-livre de la dette publique.

Mais une conversion du 5 en 3 p. 100 était chose grave.

Le 5 p. 100 était presque tout entier à l'étranger et dans la haute banque française; le public le voyait peu, ce qui explique la hausse indéfinie de ce fonds d'État.

Du reste, pour la masse des contribuables, de quoi s'agissait-il?

Est-ce que la réduction du service du 5 p. 100 allait servir à dégrever les impôts? Nullement.

Le porteur de 5 recevrait 3, et n'en payerait pas moins 10 ou 15 d'impôt.

Double perte.

Il y avait donc là matière à polémique.

L'industrie et le commerce, peu admis jusque-là à la curée pratiquée par la haute banque, entrèrent, de plain pied dans l'opposition sur ce chapitre, sans en comprendre, au fond, la portée réelle.

M. Laffitte, trop joueur pour avoir conservé ses liquidations d'arriéré, accueillait pourtant cette conversion, au grand étonnement de ses collègues.

Au surplus il conspirait déjà pour M. le duc d'Orléans qui devait, sur la création du 3 p. 100, obtenir 14 millions de rente, comme nous allons le voir.

Mais M. Casimir Périer, gros porteur du 5, était indigné ; son indignation était, de plus, nourrie par celle de M. Roy.

Jugez donc : Rothschild avait voulu une conversion *forcée!*

Le ministre dut transiger.

Il adopta une conversion facultative, et le 3 p. 100 et le 4 p. 100 firent leur première apparition.

La conversion facultative n'obtint pas de succès.

Et pour favoriser le nouveau 3 p. 100, on transporta sur lui seul le fonctionnement de la caisse d'amortissement.

Mais pourquoi donc M. de Rothschild avait-il conçu la pensée d'une conversion, et surtout d'une conversion forcée?

Comme trésorier de la Sainte-Alliance, il devait avoir une forte quantité de 5 p. 100.

Quel était donc son bénéfice?

D'abord M. de Rothschild n'était pas homme à jouir paisiblement d'un revenu.

C'est le change continuel qui était le

9.

fond de sa théorie financière, et il avait su largement profiter de la hausse de ce fonds, pour réaliser les rentes dont il avait été porteur.

Ensuite M. de Rothschild était toujours très-avant dans la liquidation des réclamations spéciales aux sujets britanniques.

Il y avait là un champ de 6 millions et demi de rente 5 p. 100 qu'il s'agissait de travailler et de labourer avec adresse.

Depuis 1823, le banquier correspondant de la commission de Londres l'avait aidée dans toutes ses violations des traités internationaux.

La majorité des sujets anglais auxquels ces traités avaient assuré des rentes à 76 fr. 65 en avaient été adroitement dépouillés.

D'autres, à leur place, avaient bénéficié

de la prime que le cours de 105 et 110 donnait sur le marché.

Et cependant, il y avait encore un stock considérable de rentes qu'il était difficile de faire disparaître : car la convention de 1818 n'avait pas autorisé la répartition du capital qu'aurait produit la vente des rentes allouées, mais elle avait, *au contraire*, exigé la répartition de ces rentes elles-mêmes, par voie d'inscription nominale du rentier sur le grand-livre de la dette française.

Or l'effet d'une conversion *forcée* du 5 en 3 p. 100 allait être celui-ci :

L'Angleterre se plaindrait hautement; non-seulement elle avait un déficit en 1821 (ce qui était faux), mais encore on dépouillait ses *malheureux sujets* des deux cinquièmes de leur revenu !

Et alors, de deux choses l'une :

Ou, pouvant dissimuler jusqu'au bout l'existence d'un stock excédant et maintenir le déficit, elle osait demander un nouveau fonds de garantie ;

Ou, étant forcée d'avouer l'existence de ce stock, elle arguait de la conversion pour s'approprier le surplus et paralyser ainsi la dernière précaution prise par le duc de Richelieu.

Telle était l'alternative que la Chambre fit évanouir, assurément sans s'en douter le moins du monde, et uniquement par esprit d'opposition, tactique ordinaire des fractions qui aspirent au pouvoir.

La banque dite révolutionnaire était alors représentée par MM. Casimir Périer, Ternaux, Jacques Laffitte, un autre Jacques appelé aussi Lefebvre, puis encore par MM. Delessert, Odier, André Cottier.

Dans le commerce et l'industrie apparaissaient, à la tête de nombreux ouvriers, MM. Audry-Puyraveau, Kœchlin et même M. Human.

Un vent destructeur, provoqué par les haines bourgeoises contre l'aristocratie, avait commencé à souffler sur les grandes propriétés, dites seigneuriales, depuis 1818.

Une réunion de financiers, surnommée *la bande noire*, avait passé le niveau sur tous les beaux domaines, qu'elle morcelait, démolissait et émiettait.

Malgré cela, les possesseurs des biens des émigrés n'étaient pas encore rassurés complétement.

On avait eu beau faire des lois, ils ne croyaient pas à leur sécurité.

D'autre part les émigrés, non indemnisés

alors qu'on avait payé une foule d'arriérés de même nature, étaient exaspérés.

Ces financiers orgueilleux tenaient leur place !

Ah ! si on leur rendait leur fortune !

Malgré quelques alliances avec eux, les *nobles* ruinés étaient trop nombreux pour avoir chacun une *héritière* de banquier.

Calmer les uns parce qu'ils étaient riches, nourrir les autres parce qu'ils étaient affamés, — la faim et la richesse étant deux forces égales, d'ailleurs, — le tout en inscrivant au *grand-livre trente millions de rente*, tel fut le parti auquel on s'arrêta, et M. de Rothschild put, cette fois encore, *exécuter* en 3 p. 100 le trésor public de la France.

Ce qui signifie que la masse populaire, qui n'était pas encore appelée à voter l'im-

pôt qu'elle payait, allait néanmoins enrichir
de ses sueurs un grand nombre d'unités
privilégiées.

Cela exaspéra l'industrie, le commerce
et les ouvriers, qui, voyant la fureur de
leurs patrons, n'avaient aucune raison
pour dissimuler leur propre colère.

M. de Villèle fut renversé, M. de Martignac, directeur des domaines, lui succéda.

Le changement était illusoire.

Le résultat le plus curieux de cette gigantesque indemnité fut, en même temps
qu'elle semait la colère dans les classes
bourgeoises, de donner à Louis-Philippe
les moyens de préparer son avénement.

En effet elle l'enrichit prodigieusement
et constitua un état-major millionnaire qui
pouvait le servir au moment opportun.

Parmi les plus forts titulaires de 3 p. 100 inscrits à cette époque figurent :

M. le duc d'Orléans (Penthièvre par sa mère), 14 millions de rente ;

M. le duc de Choiseul, 1 million de rente ;

M. le duc de Liancourt, 1 million et demi de rente ;

M. le marquis de La Fayette, 450.000 fr. de rente ;

M. Gaëtan de La Rochefoucauld, 420.000 f. de rente ;

M. le comte de Thïars, 357.000 francs de rente ;

M. le comte de Lameth, 201.000 francs de rente.

Ce fut de cette belle opération que date la liaison intime de M. de Rothschild avec la famille d'Orléans.

Le prétendant résidait alors en Angleterre.

Cette immense curée de paix après tant
d'autres curées de guerre, élevant le budget des dépenses à 1.118 millions (1823),
— il avait doublé en neuf années, —
fut le coup décisif que se donna la Restauration.

La révolte commença par la Chambre.

Comme elle avait rejeté M. de Villèle,
elle rejeta M. de Martignac.

On lui donna, tant était grande la clairvoyance ! M. de Polignac : celui-ci mit le
feu aux poudres.

La France ne voulait plus de Gascons.

M. Laffitte, après avoir un moment
adouci son opposition à propos du vote des
30 millions de 3 p. 100, redevint plus
furieux que jamais.

Il est vraiment bizarre de retrouver sans cesse ce grand panier percé à la chasse de quelques millions.

C'était au point que sa faillite était imminente.

Avec lui une foule de petits capitalistes ne demandaient que plaie et bosse.

La finance voulait le pouvoir à tout prix; elle ne se contentait plus de la *coulisse*, il lui fallait la *scène*.

Le futur levier de la *pompe* politique existait, d'ailleurs, et s'appelait le duc d'Orléans.

Celui-ci était prêt à tout, pour ne pas demeurer *oisif*, comme il ne cessait de l'écrire, des bords de la Tamise, depuis quatre ou cinq ans.

Oisif! un euphémisme adorable.

Les têtes s'échauffaient, car le soleil était ardent.

Audry-Puyraveau et Ternaux s'étaient mis à la tête de leurs propres ouvriers armés.

Les élections de 1830 avaient donné la majorité à la haute finance et au commerce.

Le faubourg Saint-Antoine de l'époque était la rue du Sentier.

Toute la colonie commerciale était révolutionnaire avec la haute industrie et la finance.

Quant aux ouvriers, il n'en était question que pour les jeter aux barricades.

Non acceptés comme édificateurs d'un pouvoir, on les jugeait bons pour détruire un gouvernement.

Soldats, oui ; électeurs, non !

Cependant il y avait des crises à propos des salaires.

Enfin, ce qui dira tout, voici quel fut le gouvernement provisoire qui céda ensuite la place au roi Louis-Philippe :

Jacques Laffitte ;

Casimir Périer ;

Comte de Lobau ;

De Schonen ;

Audry-Puyraveau ;

Mauguin ;

Tous gens de finance ou d'industrie.

La Fayette était commandant de la garde nationale.

Rothschild s'était prudemment effacé, attendant, ses millions en arrêt, l'avénement de M. le duc d'Orléans.

Trois jours de bataille, et ce fut fait.

Le levier de la pompe aspirante fut baptisé Louis-Philippe Ier. *roi des Français*, notez bien, et non *roi de France*.

Et, pour caractériser d'un mot la révolution de 1830,

Ce fut l'insurrection du 5 p. 100 déclassé contre la concurrence du 3 p. 100 armé.

Le tout, comme toujours, pour le plus grand dommage des contribuables.

VII

LE DERNIER ROI

Le nouvel ordre des choses fonctionna dix-huit années.

Ce fut le règne absolu du négociant et de l'industriel, tous les deux s'appuyant sur la banque.

Seulement il fallait élargir les participations; c'est ce qui explique le nombre infini de compagnies qui se créèrent sous tous les prétextes possibles.

C'était enfin le retour du système de Law généralisé, multiplié, organisé, légalisé et divinisé.

Pour la seconde fois l'histoire était forcée d'écrire : Law à côté d'Orléans.

En effet, sous Louis-Philippe Ier, comme sous le régent, tout homme qui avait 500 fr. pouvait *aspirer* à devenir millionnaire en vingt-quatre heures.

L'aspiration était certaine et libre, le résultat seul était douteux.

Mais en attendant les millions à répartir, il fallait que le roi débutât par payer sa bienvenue à ses actionnaires.

L'influence de Jacques Laffitte avait toujours été considérable, tantôt à droite, tantôt à gauche, car ce financier affichait volontiers toutes les cocardes, pourvu qu'elles servissent à remplir ses coffres, toujours vides, malheureusement.

Laffitte était devenu l'idole du peuple.

Chose étrange que cet engouement aveugle des électeurs pour certains hommes qu'ils s'entêtent à croire leurs protecteurs et leurs amis!

Or, cet homme qui avait ramené le *Père de Gand*, était appelé le Père de *la liberté!*

Comme tel, en 1829, il était déjà ruiné, mais, comme on dit, il tenait le coup.

A la faveur des troubles qui accompagnèrent l'avénement du nouveau roi, il déclara sa situation et déposa son bilan.

On allait bientôt comprendre la conduite de ce banquier lors de l'affaire du milliard des émigrés.

En effet, on ne pouvait pas laisser le

gouverneur de la banque de France, le ministre actuel des finances, qui avait pris pour sous-secrétaire d'État le jeune Thiers, toujours demeuré jeune depuis, sous la menace d'une faillite.

Et puis il n'était pas seul atteint : Audry-Puyraveau était compromis, et bien d'autres à côté de lui, et il fallait payer les ouvriers de cet estimable industriel, qui avaient commencé la sédition.

Les trésors de la Casbah d'Alger venaient d'arriver ; ces trésors, dus à l'expédition accomplie sous le régime précédent, et récemment grossis de 2 millions, prêtés au dey par un Marseillais, nommé Bacri, débarquèrent, très-opportunément, pour profiter à ses successeurs, réalisant une fois de plus le :

« *Sic vos non vobis.* »

On répandit l'or à flots, excepté sur Bacri, toutefois, qui, comme créancier fondé, ne devait pas être payé.

Mais qu'était ce trésor algérien en présence des besoins de M. Laffitte?

Il lui fallait 6 millions à lui seul. La banque de France hésitait à les lui prêter, le bilan du banquier lui paraissant fantastique.

Le roi alors, se souvenant que les 14 millions de rente 3 p. 100 qu'il avait reçus avaient été appuyés par M. Laffite, lui donna sa caution personnelle envers la banque de France, et l'acte fut solennellement passé le 15 janvier 1831.

Pendant ce temps une souscription nationale rachetait sou à sou, jusqu'à concurrence de 1 million, l'hôtel du pauvre financier, et en l'honneur de celui qui avait fait et défait trois gouvernements, la rue d'Artois prit le nom de rue Laffitte, en attendant qu'elle s'appelle rue Rothschild.

Pour justifier une telle popularité, M. Laffitte, étant aux finances, devait se montrer un peu révolutionnaire pour les autres, après l'avoir été beaucoup pour lui-même.

Il annonça donc un prochain remaniement de l'impôt, fit distribuer des récompenses nationales aux blessés de juillet et même à quelques-uns des héros survivants de 1789.

Le gaspillage fut tel que le trésor fut vidé en un tour de main.

Ce fut M. Casimir Périer qu'on chargea de le remplir.

Voyons, pendant ce temps, quelle avait été l'attitude du banquier autrichien.

Il s'était jeté dans les opérations exté- rieures, et il y avait perdu une forte part de ce qu'il avait gagné en France,

Justifiant ainsi notre opinion que *les maisons de banque ne rendent pas à un pays ce qu'elles lui absorbent, et que leurs bénéfices sont toujours une perte sèche pour ce pays.*

En effet, toujours trésorier de la Sainte-Alliance, laquelle, voyant avec une certaine inquiétude la révolution de juillet, avait joué à la baisse sur toutes les places de l'Europe, M. de Rothschild était chargé d'une foule d'emprunts étrangers, non encore placés.

Il avait les ducats de Naples, les métal-liques d'Autriche, l'emprunt russe, le

dernier emprunt français à 4 p. 100 ; tout
cela était accumulé en papier et perdait 30 à 40 p. 100.

Le pauvre banquier n'avait guère comme
opération permanente, sinon régulière,
que le service de la commission de Londres ; celle-ci n'avait pas encore déclaré la
clôture de ses opérations, bien que la liquidation réelle fût terminée depuis fort longtemps.

Les sommes disponibles, qui étaient du
reste considérables, s'étaient égarées et
circulaient çà et là, partie dans les dépenses personnelles de George IV, partie
dans la construction du palais de Buckin-
gham, partie sous forme de secours aux
districts en détresse, partie enfin en stock
chez M. de Rothschild.

Cela ne pouvait durer indéfiniment, et,

en 1831, on se décida à avouer à la Chambre des communes que depuis 1826 la portion légale de cette liquidation avait été close par les commissaires nommés en 1815, et l'on publia un compte fantastique qui n'a son pareil que dans ceux plus modernes de M. Haussman.

Ce compte énonçait, malgré tout, un excédant de 700.000 francs de rente entre les mains de M. de Rothschild.

A ce même moment éclatait la crise financière de 1831, et il paraît certain que sans son frère Nathan, de Londres, James, de Paris, aurait perdu la tête. Aussi le voyait-on circuler affolé dans les salons ministériels de cette époque.

Au surplus, l'émeute grondait dans la rue.

La population voyait bien que cette révo-

lution n'avait rien changé aux abus financiers du passé ; il fallait un audacieux au
ministère de l'argent, et Casimir Périer dut
céder la place à l'éternel abbé, resté seulement le prêtre fanatique de la spéculation,
et qui l'avouait hautement, au *baron Louis*,
en un mot, le même qu'un biographe de
1831 appelait, justement : « l'attrappe-
ministère ».

Notre abbé alla, selon sa coutume, droit
au but : l'impôt.

Tout fut augmenté avec une grande vi-
gueur.

On comprend l'opportunité d'une telle
mesure.

La haute banque jugea nécessaire de
se serrer, et ce fut le moment où Casimir
Périer put compter sérieusement avec
MM. Delessert, Lefebvre, Ganneron et Odier.

L'année passa ; l'Europe était menaçante ; avec cette attitude, James de Rothschild avait repris ses forces et, dans un grand coup de spéculation, retrouvé tout son crédit ; la Sainte-Alliance avait fait son jeu.

Une des mesures financières de 1831, qui facilitèrent le plus la spéculation de bourse, fut, assurément, celle qui créa les rentes au porteur, et, par conséquent, rendit possibles la vente et l'achat anonymes.

Beaucoup de fortunes purent s'élever à l'abri de ce mutisme du titre, qui, transmis de la main à la main, devenait ainsi presque une monnaie, ne conservant aucune trace de son origine.

Tout ce qui existait, en rentes, dans le compte de la liquidation anglaise, put donc, pour la *facilité* des payements, être converti en rentes au porteur.

Ces procédés appartenaient à l'ancienne école, disait l'opposition ; l'abbé Louis, du reste, personnifiait tous les gouvernements passés, et l'ancienne coterie s'usait visiblement.

Une autre école financière s'élevait dans l'ombre :

L'école saint-simonienne.

Son auteur n'était autre, cependant, que le nommé Saint-Simon, un *comte*, et même un Vermandois, disait-il, mais ex-employé au mont-de-piété et, comme l'abbé Louis, ayant tripoté dans les biens nationaux.

Saint-Simon mort, sa théorie survivait. Elle fut reprise et adoptée par quelques jeunes gens dont les chefs, appelés *pères*, furent Bazard et Enfantin.

Autour de ces deux noms apparaissaient

Michel Chevalier, Augustin Thierry, Olinde Rodrigues, Émile Barrault, Charles Duveyrier, Fournel, Pereire, d'Eichtal, Stéphane Flachat, Léon Halévy, tous, néanmoins, savants, très-intelligents et préconisant la destruction de l'héritage.

Cette théorie, fille naturelle de l'acquisition des biens nationaux et qui, par elle, avait sa raison d'être pratique, tomba avec les nouveaux venus, *héritiers, eux aussi*, de cette doctrine, et non pas *inventeurs*, dans le domaine de la théorie abstraite et purement spéculative.

Néanmoins, répandue parmi le prolétariat qui n'en saisissait que le gros côté et y mettait tout autre chose que ce que Saint-Simon y avait voulu mettre, elle pouvait devenir une menace des plus dangereuses pour la société fondée sur le principe de 1830.

Pour attirer l'attention, la famille saint-simonienne avait eu recours aux plus folles extravagances.

La théorie économique était devenue une religion avec son culte et ses prêtres.

Le pape était à Ménilmontant.

Ce fut pourtant cette école qui prépara la révolution de 1848, l'étouffa par la folie et finit par s'asseoir sur ses ruines en versant, elle aussi, dans la propriété et la fortune ; car on l'a souvent répété, tous les saint-simoniens sont *arrivés*, ce qui est exact.

Pendant ce temps, le gouvernement de Juillet, après avoir réparti les rentes, ou les bons du trésor, ou les pensions, ou les ré-compenses, parmi la bourgeoisie, fut forcé de songer aussi aux ouvriers.

On improvisa pour eux la chose du monde qu'on peut le moins improviser, —

car elle ne dépend pas d'un caprice du pouvoir, mais d'un ensemble économique sagement et longuement équilibré, — on leur improvisa : *du travail!*

C'était, sous une autre forme, le milliard des émigrés *de la société*.

Nous retrouverons encore la même faute sous la République de 48 qui en mourut financièrement, comme le gouvernement de juillet devait en mourir, comme en était morte la Restauration.

M. Thiers fut le patron de cette nouvelle manière d'épuiser le trésor. Ce fut lui qui demanda les 100 millions nécessaires pour organiser les travaux publics et occuper les ouvriers.

Au lieu de procéder par dégrèvement on procédait par accumulation, ce qui est une éternelle faute en politique.

Les ouvriers étant occupés, les financiers jugeant inutile ou trop peu lucratif de les aider, s'étaient tournés vers l'étranger.

L'exportation du numéraire recommença en échange de papier d'une valeur douteuse.

Ce fut alors que M. de Rothschild fit son grand emprunt international à l'occasion du traité relatif à la Grèce ; puis les emprunts de don Pedro et de don Miguel.

Première série d'exportation.

Une autre série d'exportation de numéraire affecta la forme d'un payement de 30 millions, fait aux États-Unis, en acquittement d'une dette appartenant aux liquidations de 1815 et que les traités de cette époque n'avaient pas voulu reconnaître.

Et pendant que de tous côtés on ouvrait les écluses à l'argent français, on s'inquiétait peu de savoir ce qu'était devenue la liquidation anglaise, dont on étouffait doucement le résultat, lequel aurait pu soulager le grand-livre alors qu'on le chargeait au contraire de tous côtés.

Le payement aux États-Unis entrait dans les vues politiques de Louis Philippe ; mais la revendication à l'Angleterre, qui l'avait nourri, n'aurait profité au trésor qu'en découvrant bien des turpitudes, et ceci emporta cela.

Du reste il y avait mieux pour les hobereaux de finance, il y avait la bourse.

Elle recommençait ses évolutions.

On était au paroxysme de la folie du jeu, et il serait curieux de constater que chacun des nombreux attentats, dirigés contre la personne du roi, n'était, au fond, qu'une opération de bourse.

Les boursiers-joueurs ayant commencé à déprécier les banques *des riches*, le gouvernement favorisa la création d'une banque *des pauvres :* les caisses d'épargne.

Le merveilleux résultat de cette institution, qui, comme la caisse d'amortissement, eût pu être fort utile entre des mains honnêtes, fut, au contraire, de placer à la disposition des gouvernements un nouveau moyen de se livrer à l'accaparement des deniers publics, en violation d'un dépôt sacré.

Pendant que la banque internationale exportait, pendant que les boursiers jouaient, pendant que M. Thiers faisait travailler les ouvriers aux dépens du Trésor, l'ancienne banque industrielle et révolutionnaire donnait aussi la mesure de son activité.

Les établissements de crédits se succédaient; M. Laffitte les favorisait; M. Gouin s'élevait, ainsi que M. Cail et M. Derosne.

M. Thiers, arrivé à la présidence du conseil des ministres, disait :

Vous voyez!

Il voulut voir plus loin et, toujours aventureux, éprouva le besoin de s'aventurer lui-même.

Il avait, paraît-il, manœuvré de telle sorte qu'on croyait à une guerre imminente avec l'Angleterre, — première apparition de la question d'Orient.

Déjà tout se préparait dans le sens de la guerre lorsque, soudain, le télégraphe parla, arrêtant net le cours des idées et, avec lui, celui de la bourse.

On alla même jusqu'à prononcer le mot de coup de bourse.

Et en effet, ce fut le moment des plus énormes oscillations des marchés européens, et des fortunes furent faites et défaites en une journée.

M. Thiers se retira.

————

M. Laffitte était mort. On était en plein luxe; la maison Rothschild brillait de toute sa splendeur, et le gouvernement déclarait qu'il voulait mettre de l'ordre dans les finances.

M. Gouin, successeur de M. Laffitte, le grave M. Delessert, les deux frères Périer, successeurs de Casimir, y aidaient de tout leur pouvoir.

On alla même jusqu'à découvrir 7 millions de déficit pour le Trésor.

Cette affaire est connue sous le nom de

déficit Kestner ; mais tout se borna à la constatation du fait.

La corruption financière était arrivée à son comble.

L'idée phalanstérienne venait de faire son apparition. Les ignorants l'interprétaient dans le sens de la promiscuité, et l'ouvrier entrait dans cette démoralisation qui descendait sur lui.

L'or du joueur avait traîné sur le sol du pays, laissant une trace huileuse qui s'allongeait et s'élargissait, graisse maculante et non pas nourrissante.

Aux mouvements saccadés, avait succédé, en bourse, une série de hausses régulières.

Le 5 p. 100 atteignait 122 francs.

On revint à l'idée d'une conversion. C'était renouveler une vieille querelle ; il était trop tôt, et le 3 p. 100 ne devait triompher qu'en 1852.

Du reste, il est encore curieux de le constater, précisément au moment où l'on reparla d'une conversion, la commission de Londres se débattait contre des réclamations irritées, appuyées d'accusations hardies, relativement à l'indemnité française de 1815, et sentait qu'il fallait enterrer définitivement ses exactions. Elle devait y réussir bientôt sans le concours d'une conversion.

Nous sommes arrivés à 1847.

L'école financière de 1830 avait usé le levier de sa pompe aspirante ; les chemins de fer y avaient puissamment aidé, et ce qui aurait dû être, tout d'abord, un instrument de prospérité publique commença, grâce à la spéculation, par être un élément de ruine.

Les financiers absorbèrent les lignes.

Le système de l'avenir consistait à grouper, sous le nom de compagnies, des quantités innombrables d'ouvriers, qu'on courberait sous le niveau d'une discipline sévère, afin de, plus tard, quand on ne pourrait plus faire autrement, les conduire aux urnes, comme on les avait conduits aux barricades au début de ce régime.

C'était donc un sous-classement des forces industrielles, un embrigadement des volontés sous la domination des capitaux.

Certes je ne repousse pas les vastes industries, mais je signale ici les dangers et les abus dont le nouveau procédé devait continuer à menacer la fortune publique.

———

M. Thiers était revenu au pouvoir, appuyé de M. Odilon Barrot.

L'orage s'élevait, et nul ne le voyait. La maison de Rothschild avait continué à monopoliser le crédit, prenant la fleur et laissant les feuilles de l'arbre financier aux capitalistes de Paris.

L'année, du reste, n'était pas heureuse, et la nature ne favorisait pas l'administration.

Il y avait eu des inondations ; le blé fut rare. L'approvisionnement tourna à l'agiotage.

Enfin le 10 novembre 1847 le Trésor, obéré, dut recourir à M. de Rothschild et lui adjuger un emprunt de 250 millions.

Ce banquier l'obtint, en 3 p. 100, à 75 fr. 25.

Dès le mois de décembre 1847 ce fonds

avait atteint 77 fr. 35, en moins de deux mois, c'était pour le millionnaire une prime de 2 fr. 10 par 3 francs de rente. Soit, en moyenne, 18 millions de bénéfices sur la totalité de l'emprunt.

Pendant que le Trésor faisait cette opération, l'industrie, poussée à outrance, rançonnée par la banque et secondée par le vertige des associations, prétexte de mille escroqueries, avait'abusé de l'ouvrier, d'où une irritation terrible dans le peuple.

Des écrivains populaires prenaient soin, d'ailleurs, d'alimenter cette irritation en démontrant aux citoyens que la révolution de 1830 était un leurre, qu'ils avaient été trompés, que c'était toujours la même main qui tenait le pouvoir, qu'il fallait prendre une éclatante revanche.

Le peuple, de son côté, voyait avec un

perpétuel étonnement combien était différente sa situation, par comparaison avec
celle de ses chefs, en matière de travail.

Le patron était-il ruiné, par faillite ou
autrement? l'ouvrier perdait son gagne-pain
et était réduit à mourir de faim, pendant
que, sujet de surprise, ledit patron vendait seulement ses voitures, — quand il les
vendait, — et continuait à jouir de son
bien-être.

A côté de cela, tel prolétaire, hier sans
sou ni maille, était le lendemain presque
millionnaire, sans cause apparente, sans
travail fourni.

Pourquoi?

Telle était la question éternellement po-
sée.

La finance politique, tout entière passée
dans l'opposition, favorisait ce méconten-

tement, espérant bien, comme en 1830, le
diriger et l'absorber ensuite.

Enfin, il y avait un nouveau prétexte, un
nouveau levier à adapter à la pompe aspirante, un autre duc d'Orléans, qui s'appelait le prince Louis-Napoléon Bonaparte.

Celui-ci, blotti dans la tanière tradition-
nelle des prétendants, l'Angleterre, où l'a-
veuglement ou le dédain des Orléans l'avait
laissé fuir, épiait le moment de tenter une
restauration impériale.

Avec lui le peuple était prince à son
tour : Bonaparte était la royauté plébéienne ; Louis se faisait volontiers socia-
liste, phalanstérien, tout ce qu'on voulait,
pourvu qu'il mît la main sur les finances
de la France.

L'opposition, elle, revêtait toutes les
formes ; depuis la rue du Sentier jusqu'au

faubourg Saint-Antoine, depuis la Chaussée-d'Antin jusqu'à la rue Saint-Dominique;
à Lyon, à Marseille, et même à Carpentras,
toute la France gémissait et conspirait dans
un sens ou dans l'autre.

Cette vaste aspiration au changement
éclata à propos d'un banquet.

Louis-Philippe avait régné, et, à son
tour, ce roi partait pour l'Angleterre.

Voyons, de bonne foi, ces grands financiers, ce luxe, ce tourbillon d'argent, de
compagnies, de routes, de chemins de fer,
de rentes sur le grand-livre, n'avaient
donc pas fait le repos et la prospérité du
pays?

C'est la République qui va répondre.

———

VIII

1848

Les hommes de 1830 s'étaient trompés ;
ils croyaient dominer le mouvement, cette
fois encore : Ils ne le purent pas.

L'insurrection de 1848 fut populaire et
sociale.

Ceu mêmes dont les théories brillantes
et hardies l'avaient aidée : MM. Louis Blanc,
Proudhon, Léon Faucher, Émile Pereire,

Enfantin, Wolowski, Michel Chevalier, Cabet et bien d'autres, ne purent la diriger dans une voie bien nette.

La partie commune des programmes divers présentés par ces messieurs peut, du reste, se résumer ainsi :

Travail obligatoire.

La société est un vaste laboratoire où chacun doit trouver sa place selon ses capacités.

La société doit le travail aux ouvriers.

Guerre au capital, affranchissement de l'oppression de tous par la haute banque.

Ces programmes et leurs variantes avaient un défaut capital :

Ils manquaient de sanction.

C'est ce qu'un jeune et brillant orateur, M. Pascal Duprat, alors récemment élu député, cherchait vainement à prouver. Il

ue fut pas écouté, malgré la faveur dont
jouissait sa parole éloquente.

La théorie sans réglementation jetée en
pâture à l'ignorance, et appelant à la révolte le *capité* contre le *capital*, devait conduire les individualités au pillage, sans
procédure et sans distinction.

Quand on veut faire une révolution
financière, — et il n'y en a pas d'autres, —
il faut :

Ou la réaliser doucement et progressi-
vement, par l'habileté des moyens et la su-
périorité des idées pratiques ;

Ou l'imposer brutalement, une fois pour
toutes, par la violence systématique et
étudiée de façon à ne point dépasser le
but.

Mais, dans les deux cas, il faut avoir un
programme d'ensemble et de détail, net,

inflexible, sans transaction éventuelle, parce qu'une transaction dans un programme est le signe de son imperfection.

En 1848 on eut le tort de ne pas proscrire la violence.

D'une part, on n'était pas assez fort pour l'employer avec utilité ;

De l'autre, les souvenirs de 1789, avec ses confiscations et ses hécatombes, était encore trop vivant pour ne pas avoir organisé une résistance non-seulement française, mais européenne.

Enfin la corruption du règne qui venait de finir avait empoisonné jusqu'aux soldats de la révolution.

« Pour triompher, une révolution doit être pure. »

Depuis 1814 toutes les forces aristocratiques s'étaient fondues peu à peu dans la finance.

C'est ainsi qu'on avait pu voir dès 1824 mademoiselle Desteyère devenir duchesse d'Osmond ; mesdemoiselles Roy : marquise de Talhouët et comtesse de Lariboisière ; mademoiselle Ouvrard avait épousé le comte de Rochechouart, dernier héritier des Richelieu. Pour mesdemoiselles Collot, c'était une simple aspiration à la pairie.

Les finances, à leur tour, se fondirent petit à petit dans l'industrie et le commerce.

La suprématie de l'industrie avait été proclamée par Saint-Simon quand il diri-geait l'*Industriel.*

Un manifeste signé Saint-Simon, Augustin Thierry, avait posé en principe que la mort d'un empereur ou d'un roi n'était rien, tandis que la mort d'un industriel ou d'un chimiste était une calamité publique.

Mais le manifeste ne parlait pas du cataclysme qui doit nécessairement suivre la disparition d'un banquier. Aussi ceux qui subventionnaient le journal de Saint-Simon se retirèrent devant cette proclamation quasi-sociale ; ils s'appelaient Cottier, Vassal, Blanc-Collin, Hottinguer, Gros-Davilliers, Delessert, Casimir Périer.

Ces messieurs espéraient alors *faire les affaires de la France*, et, assurément M. Vassal n'aurait pas encore osé s'insurger contre des ordonnances *royales*, et Casimir Périer n'aurait pas aidé à renverser le *roi*.

Ils en étaient venus là pourtant en 1830 !

Comme on le voit, fusion de races et fusion d'idées, tout allait peu à peu vers le peuple, sans que les fusionnistes s'en rendissent bien compte eux-mêmes.

Aristocratie, banque, industrie, commerce, et enfin bourgeoisie, étaient devenus des alliés.

La progression avait été celle-ci :

D'abord cent hommes en gouvernaient trente millions ;

Puis mille hommes devinrent nécessaires ;

Puis cent mille ;

Enfin cinq cent mille.

On en était là. C'était l'Empire qui devait atteindre le million.

C'est-à-dire que trente millions de producteurs, au lieu d'avoir à repaître cent familles, avait à en enrichir un million.

Tel était le progrès.

Au moment que nous étudions, néanmoins, et tout en s'éparpillant, la force métallique pouvait encore se compter facilement.

Quand elle entendit le tocsin de 1848, elle se resserra soudain et fit le vide autour du pouvoir nouveau.

Or, si le pouvoir nouveau était sincère, ceux qu'il commandait ne l'étaient pas autant.

Le peuple croyait au partage des biens et on ne lui assurait que du travail.

Ce n'était pas le travail qui avait enrichi les corrompus de la monarchie de juillet.

Ceux-ci, du reste, largement repus, état-major financier de la France, n'avaient pas réussi à entrer au gouvernement.

Par surcroît, on leur déclarait la guerre.

Ils l'acceptèrent.

Or, quelle que soit la tendance d'une révolution, elle a besoin d'argent comme tous les gouvernements.

N'ayant ni la force ni l'autorité nécessaire pour le prendre où il était, le gouvernement de 1848 le demanda.

On le lui refusa.

L'Europe, de son côté, était surprise et émue ; beaucoup de ses villes étaient atteintes par la propagande révolutionnaire française.

Elle avait, en outre, depuis longtemps, la main fort avant plongée dans le grand-livre, soit par elle, soit par ses banquiers, et le marché financier n'était plus dirigeable, puisqu'on ne tenait plus les ficelles des mouvements politiques.

L'Europe à son tour fit grève.

Le premier acte de cette grève fut accompli par le banquier autrichien de la rue Laffitte.

Celui-ci avait été surpris par 1848 en plein jeu de bourse international.

Habitué à aller de confiance, les événements qu'il avait traversés, depuis 1814, lui ayant toujours démontré que ses pareils savaient conserver le pouvoir, et que lui-même arrivait toujours à posséder leur secret, il avait organisé sur l'emprunt de 250 millions une vaste combinaison financière.

Le gouvernement nouveau le déroutait.

Comment un financier et un banquier international, de la religion judaïque, aurait-il pu se faire comprendre, du reste,

De M. de Lamartine, un poëte,

De M. Arago, un journaliste,

De M. Garnier-Pagès, un simple courtier de bourse,

De M. Marie, un avocat,

Et enfin de M. Ledru-Rollin qui empêchait la réouverture du palais de l'agiotage ?

Assurément c'était impossible.

Et puis le ministre des finances était un caractère probe et timide, incapable de tenir tête au roi des écus de l'Europe.

M. Goudchaux, banquier de second ordre, petit escompteur de commerce, en présence de M. de Rothschild, baron, consul général d'Autriche,

Quelle dérision !

Un baron Louis, à la bonne heure ! un comte Corvetto, un de Villèle, un Laffitte, un Périer, fort bien !

Mais un Goudchaux, et puis après un

Garnier-Pagès, le tout au nom d'une république ! ce n'était qu'une bouchée pour le célèbre baron qui en avait avalé tant d'autres.

Et puis, pour ces mêmes ministres, eux-mêmes, insister n'était rien, réussir eût été pire.

On les aurait accusés de s'être entendus avec le banquier.

C'eût été leur perte.

Or voici quelle était la situation de M. de Rothschild envers la France au moment où éclata l'insurrection de février 1848.

Il avait soumissionné et contracté, en novembre 1847, un emprunt de 250 millions, comme nous l'avons dit plus haut.

Ainsi que nous l'avons dit également, il avait pu, grâce aux mouvements ascensionnels de la bourse, réaliser environ 18 millions de primes.

Les avait-il réalisés ou non? ce n'est pas ici la question.

La seule question est de savoir s'il *avait pu* le faire.

Or il l'avait pu.

Sur les 250 millions, le banquier avait encore à verser 170 millions.

M. Goudchaux lui demanda de s'exécuter; le banquier, déclarant le cas de force majeure, car la rente avait baissé, refusa de faire les autres versements.

Il osa ainsi une chose que le célèbre Ouvrard n'avait pas même songé à faire au moment de Waterloo.

Il est curieux de comparer les deux situations.

M. de Rothschild avait obtenu l'emprunt
en 3 p. 100 à 75ᶠ,25 en novembre 1847.

Voici les cours du 3 p. 100 à partir de
cette époque :

	Plus haut.		Plus bas.
1847 novembre	77ᶠ30		76ᶠ» »
décembre	· 77 35		74 90
1848 janvier	75 20		73 20
février	74 80	23 février	73 70
mars	—	7 mars	58 » »

Donc, en décembre, M. de Rothschild
pouvait avoir placé à 77 fr. cours moyen
les 9.966.800 francs de rente 3 p. 100 qui
représentaient les 250 millions concédés à
75ᶠ,25 avec une prime de 1ᶠ.75 par 3 francs
de rente, soit un bénéfice de 17 millions
442.000 francs sans compter la commission.

Mais M. de Rothschid n'ayant sans doute pas trouvé les cours assez élevés pour lui, habitué qu'il était aux bénéfices espagnols ou haïtiens, avait autrement organisé son opération, quand les journées de février éclatèrent.

Il n'avait, paraît-il, placé que 2.569.413 francs de rente, pour un versement au Trésor de 64.450.878 francs, gardant ainsi une prime de 4.496.472 fr. 75 c. au cours moyen de 77 francs.

Un cautionnement de 25 millions avait été déposé, comme garantie des engagements du soumissionnaire.

A dater du 7 février et le 7 de chaque mois, il avait à verser 10 millions jusqu'à concurrence du solde nominal, en décomptant les arrérages que le gouvernement avait déclarés payables par anticipation à dater du 22 décembre 1847, et qu'il fit payer en anticipation de l'anticipation le 6 mars au lieu du 22 mars 1848.

Tout cela ne conduisit à rien.

Non-seulement M. de Rothschild après s'être fait imperturbablement solder, en février, un demi-million pour le service de l'emprunt grec, ne continua pas ses versements exigibles, mais encore il fut, pour ainsi dire, relevé de ses engagements et par surcroît admis, en secret, à une émission de 13 millions de rente 5 p. 100 au même taux que celui auquel il avait pris l'emprunt en 3 p. 100 (27 juillet 1848).

La théorie est donc fort claire : les banquiers qui traitent avec l'État n'admettent pas d'aléa contre eux.

Appelés à agioter sur une nation, ils

gardent tous les bénéfices et lui font sup-
porter toutes les pertes.

Et ils disent que c'est justice !

Voyons maintenant la conduite d'Ouvrard, cet homme si discuté et, plus tard,
flétri, pendant que Rothschild était prôné
pour sa rigidité et son exactitude.

Lorsque Ouvrard avait fait un traité ana-
logue à celui de 1847, et lorsqu'il accepta
de prendre, à 53 francs, 5 millions de
rente 5 p. 100, cette rente, cotée 69 francs,
tombait à 55 (avril 1815), puis elle fit
62ᶠ,25 et 56 (mai) et le 20 juin, au moment
de Waterloo, 53 francs.

A ce dernier prix il perdait son bénéfice
et une partie de sa commission ; or, ce
jour-là, ayant encore cinq versements à
faire, de 2 millions chacun, il pouvait in-
voquer l'inconnu du lendemain, le cas de

force majeure; il n'en fit rien et versa, le 21, le 22, le 23, le 24 et le 25, jusqu'au dernier million, aussi régulièrement qu'il avait versé, du 1er au 20 juin, les autres millions.

Donc Ouvrard avait, en dix jours, placé les 5 millions de rente, en 1815, et Rothschild, en 1847, avec des moyens bien plus puissants, avait eu deux mois pour en placer 10 millions environ.

En comparant les deux résultats, faut-il conclure que le banquier de 1815 était plus habile que celui de 1847?

Nous ne commettrons pas une pareille erreur.

Seulement nous remarquerons que lorsqu'il s'agit de dominer un marché des fonds publics et conséquemment d'extraire, par ruse, l'argent d'autrui, c'est avec la royauté qu'on y arrive et non pas avec la République.

———

La conduite du banquier autrichien avait exaspéré le peuple, ou du moins la portion du gouvernement populaire qui avait connu sa résistance.

Il fut obligé de se cacher et, juste punition, subit à ce moment sa crise la plus forte.

Ce fut encore de Londres que lui vint le salut, au moment même où il implorait Caussidière et niait son intention de s'enfuir à l'étranger.

Enfin, par une coïncidence des plus singulières, cet arrivage de fonds anglais précéda de quelques mois à peine la clôture définitive de la liquidation des réclamations anglaises, commencée en 1815.

En effet, tout ayant été dépensé, disait-on, l'Échiquier donnait publiquement décharge à ses commissaires en 1849.

Il est bien extraordinaire de constater qu'à cette époque où le pouvoir de la République battait monnaie avec la vaisselle de l'ancien roi, avec les biens de la liste civile, les fonds des déposants des caisses d'épargne, l'impôt des 45 centimes, les emprunts à la banque de France, le cours forcé, essayant même du séquestre, des souscriptions publiques en 5 p. 100 à 75 fr. 25 (comme aux mauvais jours de l'invasion), qui, enfin, s'occupait de dresser un tableau des créances étrangères : car, après avoir pris par violence notre numéraire, l'étranger l'avait aussi obtenu par

ruse et sous diverses formes ; il est extraordinaire, dis-je, que ce même gouvernement,
forcé de nourrir cent mille ouvriers dans
les ateliers nationaux, au prix de 9 millions
par mois, et qui, pour y arriver, torturait
vainement sa pauvre et honnête cervelle,
n'ait pas connu la gravité des exactions qui
avaient fait disparaître le solde des 6 millions et demi de rentes inscrites en 1815,
sous condition de compte à faire.

L'étrangeté de cette lacune est facilement
explicable si l'on veut bien considérer avec
quel soin jaloux la diplomatie avait toujours
enseveli dans l'ombre tout ce qui touchait
à cette question.

Comment espérer que des nouveaux venus, des ouvriers, puisque c'était le titre
officiel, aient eu assez de loisir pour fouiller
dans les archives et élucider des corres-

pondances embrouillées à plaisir, alors
qu'ils tremblaient de voir à chaque instant
l'Europe s'écrouler sur eux?

D'ailleurs l'ombre semble être si bien
inséparable de cette fameuse liquidation,
dont M. de Rothschild a connu tous les détails, que si, aujourd'hui encore, même
après les discussions publiques qu'elle a sou-
levées de 1861 à 1869, à Londres, dans la
Chambre des communes, où lord Lyndhurst
déclarait que cette « affaire » était une
tache pour la nation, et à Paris, dans le
Corps législatif, où M. Rouher déclarait
que *tout était régulier*, vous interrogez
quelques-uns de ces anciens fonctionnaires
du ministère des affaires étrangères qui
savent survivre à tous les changements,
vous ne tarderez pas à vous apercevoir à
leur ignorance absolue, à cet égard comme

à bien d'autres, quels sont leurs droits imprescriptibles à conserver des fonctions dont ils font un si bel usage.

Enfin il ne s'agit que de l'argent des contribuables, ce qui est une bagatelle, comme toute l'histoire que nous venons d'écrire n'a cessé de le prouver.

———

Quoi qu'il en soit, le gouvernement de 1848 avait, néanmoins, horreur des banquiers,

Et à la faiblesse de M. Goudchaux on vit succéder, aux finances, les systèmes de M. Garnier Pagès.

Pendant ce temps on faisait au Luxembourg de belles théories sur le travail.

L'*ouvrier* Albert, l'*ouvrier* Louis Blanc,

le *portefaix* Astouiu éclataient en sophismes, en généreuses utopies, et aucun n'osait prendre une dictature radicale.

Le général Cavaignac en prit une, mais elle devint *conservatrice*, c'est-à-dire appuyée sur l'élément financier.

Alors ce fut fini, la République courait ses premières bordées vers l'Empire.

Le crédit renaissait de ses cendres, la bourse était rouverte; la République, elle aussi, organisait un marché des fonds publics, des comptoirs d'escompte, avec des patrons devenus millionnaires, l'étant déjà quelque peu à cette époque, et qui avaient noms : MM. Pagnerre, Hachette, Dubochet, Laveissière, Pinard et Boissaye.

Louis-Napoléon Bonaparte venait d'être élu président de la République.

La haute banque, après quelques mois de défaite, ressaisissait le pouvoir.

Quant à M. de Rothschild, il était redevenu plus millionnaire que jamais.

IX

1852-1870

Toute la génération actuelle a été à même d'apprécier ce qu'a été l'argent dans cette période nouvelle de dix-huit années.

Nous n'avons donc pas, comme précédemment, à grouper les faits et à les exposer pour en tirer les conséquences.

Le sujet exige à la fois ou une vaste synthèse ou une analyse détaillée.

D'ailleurs il est sage de réserver à cette étude un volume spécial, que nous appellerons : *Napoléon III et ses fermiers généraux*.

Mais ne montrer actuellement qu'une partie des rouages du mécanisme ruineux auquel fut soumise la France, pendant ce règne, serait compromettre la logique de nos conclusions.

En effet, cette période renferme les titans de la finance et de l'escroquerie.

Elle contient les luttes homériques des Rothschild, des Pereire et des Mirès, et c'est ce dernier financier qui fit faire, à l'auteur de ce livre, ses premiers pas dans les immenses galeries du monde de l'argent.

Étant vaincu, il fut sincère ; aussi il les lui montra bien noires !

Enfin, pour marcher vers les conclusions

de notre œuvre actuelle, il est à peine besoin de raconter l'Empire, ce qui serait recommencer cette histoire en changeant les noms.

A la façon dont avait sombré la République de 1848, on pouvait dès 1849 deviner les tendances de l'avenir.

Elles furent pleinement justifiées.

Le troisième Napoléon, qui, comme Louis XVIII, avait voulu compter un numéro intermédiaire, un pauvre petit zéro dont il fit une unité, était un esprit à la fois utopiste et positif.

Il avait fort étudié les procédés financiers des divers régimes. Il sentait qu'un gouvernement populaire n'était possible qu'en l'abritant derrière le prestige, d'autres disent la prestidigitation.

Deux prestiges étaient possibles :

Celui du nom ou celui de la race ; or il avait le nom sans avoir la race, même celle dont il affichait l'étiquette.

Il était donc merveilleusement placé pour être une excellente pompe aspirante des deniers publics.

Il le fut.

Comme ses prédécesseurs, il eut son milliard des émigrés.

Celui de la République avait été les ateliers nationaux.

Le sien fut le rétablissement de la papauté.

Par là il rassurait les gens qui parlaient de Pie VII.

Il eut, ensuite, sa protection des acquéreurs de biens nationaux, représentée par l'enrichissement des prolétaires corrompus du dernier régime, et dont il fut

l'impérial souteneur, par le fonctionna-
risme à outrance.

Il avait compris, en effet, que la grande
faute du passé avait été de n'avoir pas assez
élargi le cadre des admis à la curée des
fonds publics.

Il élargit le cadre.

Désormais la nation avait à pourvoir aux
folies d'un million de familles.

La finance renchérit sur le passé.

Laffitte fut éclipsé par Pereire, Ouvrard
par Jecker, Casimir Périer par Mirès.

Rothschild seul resta incomparable.

————

Le système gouvernemental de la République avait, comme nous l'avons dit, appelé à vivre aux dépens de tous une centaine de mille hommes.

Mais pendant ce temps elle destituait ou arrêtait, dans leurs opérations, quatre cent mille *pompiers économiques.*

C'était à la fois trop peu d'une part et trop de l'autre.

L'Empire, atteignant tout d'abord le chiffre de 1 million sur 30, raisonna plus algébriquement :

Étant donné qu'un État possédant 10 millions de forces vives peut, mathématiquement, être soumis par 2 millions de forces financières concentrées, de façon à attirer à elles la production des 8 millions restants :

La Restauration avait ajouté à ces 2 millions fondamentaux, 500.000 ;

Le gouvernement de juillet, 1 million ;

La République, 100.000 ;

Et tous avaient sombré !

Donc il fallait forcer la progression.

Or, au moment de son avénement, Louis-Napoléon avait trouvé 3.600.000 forces concentrées, absorbant la production totale des 6.400.000 forces vives restantes.

Il ajouta, graduellement, 1.400.000 appétits et la balance fut, vers la fin de son administration : 5 millions contre 5 millions.

Arrivée à ce degré, la pressuration était insupportable, car les appétits des 5 millions qui étaient dessus se composaient de la saturation des anciens et de la voracité des nouveaux élus.

Tout atteignait des limites jugées impossibles il y a soixante ans.

La propriété, expropriée, travaillée, morcelée et reconstituée, exigeait un loyer d'un quart du revenu,

Alors que son chiffre normal doit être représenté par un dixième.

De son côté, la propriété mobilière, actions, rentes et monnaie, atteignait, sur le marché public, les proportions les plus extravagantes.

La bourse eut à enregistrer les plus gigantesques escroqueries du siècle.

Or, quand un gouvernement est arrivé à charger à outrance le revenu public et son grand-livre, il n'a plus qu'un moyen de vivre, c'est d'aller dépouiller les États voisins.

Un grand apport financier est un salut, en pareil cas, s'il n'est pas suivi de la revanche.

Il fallait donc à l'Empire de la gloire pour son nom et de l'argent pour ses caisses.

Il eut la honte et produisit la rançon, par suite le cataclysme.

Ce régime éteignit ce qui restait de patriotisme en France et engendra la Commune.

La suprématie de l'argent, que Balzac
avait si bien étudiée sous les Orléans, se fit
cynisme sous Bonaparte.

Encore un peu, et la France était morte.

LE

POINT D'ARRIVÉE

I

LE GRAND-LIVRE

Tout ce que nous venons de raconter est écrit, en caractères ineffaçables, dans le grand-livre de la dette publique de France.

C'est là que nous trouverons toujours le criterium palpable, inexorable et indiscutable.

Voici, en effet, la progression de la dette

inscrite, qui résume, comme on peut le comprendre facilement, les frais d'entretien des *forces concentrées* ci-contre énumérées.

DETTE CONSOLIDÉE.

En 1814	il y avait	63	millions d'annuités.
En 1830	il y eut	120	—
En 1848	—	202	—
En 1870	—	358	—
En 1876	il y a	748	—

Toutes ces annuités sont des rentes à divers taux. Elles ont été négociées ou remises à divers et sont à *perpétuité.*

Les 748 millions d'annuité ont coûté aux contribuables *Onze milliards et demi.*

Si maintenant on veut connaître les progressions des dépenses annuelles, y compris le service de la dette inscrite,

Nous aurons :

Budget des dépenses en	1814	572 millions.
—	—	1830	1.095	—
—	'	—	1848	1.771	—
—		—	1870	2.200	—
—		—	1876	2.569	—

Il faut remarquer avec soin que c'est sous la date qui suit celle de la déchéance du régime cité que se développent les conséquences de ce régime.

Ainsi la monarchie de 1830 trouva le budget à 1.095 millions et l'éleva à 1.771 millions ; l'Empire le trouva à 1.771 millions et l'éleva à 2.200, puis à 2.559 millions, qui est le chiffre auquel le gouvernement de 1876 trouve le budget annuel.

A lui maintenant de le modifier.

II

CONSÉQUENCES

Nous ne voulons pas, à cette place, étu-
dier l'immixtion de l'élément financier
dans la catastrophe et les évolutions qui
suivirent 1870.

Tout se ressemble, d'ailleurs, et, comme
plus haut, nous pourrions trouver sous
quels noms se cachent aujourd'hui les
Ternaux et les Puyraveaux de la Commune,

les Laffitte et les Villèle du gouvernement qui l'écrasa.

Tout revient, tout évolue.

Nous avons nos abbés Louis et nos Marrignac ; il ne nous manque guère qu'un Richelieu.

Nous ne parlerons pas davantage des emprunts récents, ni de l'emprunt Morgan, ni du libérateur.

Mais si nous avons vécu cinq années dans un état d'excitation permanente, nous le devons, il faut le constater, à la révolte perpétuelle de l'élément financier qui dominait encore l'ancienne Assemblée.

Que fera la nouvelle ?

Comprendra-t-elle qu'elle doit organiser la lutte, en ne s'inspirant que des immuables principes de la justice et de la loyauté ?

Comprendra-t-elle que nul n'a le droit

de s'enrichir au préjudice de tous? et op-
posera-t-elle sa force à cet abus?

Qu'on ne crie pas à l'attentat contre la
liberté commerciale et industrielle.

Assurément chacun est libre de se ruiner
ou de s'enrichir,

Mais jamais au préjudice de la nation.

Il faut écraser le jeu par des impôts; le
joueur n'est pas sympathique.

Il faut soulager le travail, car c'est lui
qui a nourri la France et ses parasites
depuis mille ans.

Le jeu est une passion, il est inutile de
chercher à le détruire.

On ne détruit pas les passions, on les
dirige.

Ouvrez donc toutes grandes les maisons
de jeu, comme vous ouvrez toutes grandes
les portes de la bourse.

Seulement que l'État soit croupier au parquet comme à la roulette.

Immoralité? non : nécessité!

Je le prouverai tout à l'heure.

Savez-vous ce que sont les courtages annuels des agents de change sur *les seules opérations de jeu?*

CENT MILLIONS!

Ces 100 millions sont un huitième p. 100 du capital engagé.

Élevez de 3 p. 100 le courtage en laissant le huitième p. 100 aux agents (ce qui revient à imposer le jeu, en même temps que les tribunaux auraient à le reconnaître, ainsi que nous l'expliquons dans les chapitres suivants),

Et vous aurez un rendement annuel de DEUX MILLIARDS ET DEMI.

Qu'on ne dise pas que le jeu cessera.

Jamais la *cherté* de la main n'a arrêté le joueur.

Mais la caisse publique bénéficiera de tout ce que perdra l'insensé qui joue et en dégrèvera les impôts que sue le père de famille.

Seulement il faut une surveillance absolue.

Les fausses nouvelles et les fausses cartes doivent être l'objet d'une sollicitude et d'une sévérité perpétuelles.

Il faut proscrire les emprunts et fermer à jamais le grand-livre pour le solder par voie d'amortissement.

Il faut réduire les dépenses et éloigner la haute banque de toute immixtion privilégiée dans le budget de l'État.

Non pas que je bannisse le fonctionnement régulier de la banque ; mais si, éventuellement, l'État veut *escompter* une *valeur* à *quelques mois*, pour une cause ou pour une autre, il ne doit le faire qu'aux conditions demandées au premier marchand venu, sans privilége, *sans émission*.

Il faut enfin réformer l'impôt sous toutes ses formes, le créer progressif ou rétrograde, et surtout *temporaire*.

Si la nouvelle organisation administrative du pays hésite à faire hardiment ce pas vers l'avenir en réformant avec patience, modération, mais avec *fermeté* tous les abus, l'avenir n'attendra pas et, se précipitant sur les désespérances d'aujourd'hui, écrasera les résistances, mais au prix, hélas! de quelles hécatombes!

III

BILAN MORAL

Chacune des révolutions, dont nous avons compté les éléments et raconté la marche, a été marquée, non-seulement par une progression de la ruine publique, mais encore par l'avilissement progressif de l'esprit et des mœurs.

Autrefois, quand les hauts financiers étaient simplement qualifiés de juifs, avant d'être des traitants ou des banquiers, il y avait quelque chose qui flottait sur l'or et le faisait pour ainsi-dire excuser : c'était l'art.

Les premiers argentiers furent orfévres, artistes, ciseleurs ou forgerons habiles ; ils s'appelaient Jacques Cœur ou Samuel Bernard : l'un orfévre, l'autre graveur.

Aujourd'hui les hauts banquiers sont bien vraiment ceux que Murger appelait des Philistins, et quant à leur science, elle se borne aux quatre règles avec toutes les extensions que comporte leur métier.

Jadis, quand l'art excusait l'or, les rois s'inclinaient devant les artistes.

Charles-Quint ramassait le pinceau du Titien.

Mais aujourd'hui Rothschild, entrant dans une galerie, dont Jadin peignait un des

plafonds, avec cet art exquis qu'on lui con-
naît, se contenta de lui crier, le chapeau
sur la tête et la canne haute :

— « Holà ! monsieur l'ouvrier décoré,
descendez donc que je vous parle. »

Jadin haussa les épaules et continua son
travail.

Autrefois, quand les juifs devenaient ré-
tifs ou insolents, les rois devenaient cruels.

Simon ne voulait pas ouvrir ses trésors à
Henri III.

Ce roi le fit venir, lui fit arracher dix-
sept dents, séparant chacune de ses extrac-
tions par cette demande :

— Prête-moi tes trésors.

A la dix-septième, le juif céda.

Ce mode d'emprunt a été, il est vrai,
abandonné par les chefs d'État modernes ;
mais, pour ne pas laisser perdre le procédé,

14.

la haute banque l'a appliqué à sa façon de prêter.

Aujourd'hui, en effet, ce sont les hauts banquiers qui arrachent les dents aux gouvernements jusqu'à ce que ceux-ci leur aient livré l'argent de leurs administrés.

Or ceci balance cela.

Sous Louis XIV et sous Louis XV, l'égalité tendait à se faire : la finance montait, la dignité descendait.

Une sorte de complicité s'établissait ; mais c'était une complicité parfumée, élégante, polie, spirituelle, ce qui ne l'empêchait pas d'être absolument corruptrice et agenouillée devant le roi, comme le financier Bourret, qui se ruinait sans sourciller, après avoir épuisé ses fermiers pour plaire à Louis *le Bien-Aimé.*

Malgré tout, cependant, l'esprit et le génie avaient leur royauté personnelle.

La masse productrice était dépouillée, mais on faisait vivre les talents individuels.

Aujourd'hui, celle-ci et ceux-là se meurent également.

Enfin, les hommes d'argent se piquaient, jadis, d'être sensibles au beau, et les artistes étaient leurs amis.

Le riche de La Popelinière, un Rothschild de 1730, avait à demeure, autour de lui, les Carl Vanloo, les Marmontel, les Vaucanson, les Rameau, les Boucher, les Latour, dans sa gracieuse maison de Passy.

Ce n'est pas lui qui, comme ce juif moderne si riche et si laid, aurait prié Vanloo de faire son portrait *avec le nez* du duc Decazes.

Ce n'est pas lui, non plus, qui aurait

marchandé à Horace Vernet un de ses
chefs-d'œuvre, au risque de figurer pour
rien (ce qui est terrible) dans le tableau de
la Smala de Versailles.

Marmontel n'était pas obligé d'avoir de
l'esprit pour son patron comme Henri
Heine pour le sien, et, à coup sûr, si un
Vaucanson avait fait l'honneur à des Fould
ou à des Rothschild d'être leur ami et de
confectionner leurs locomotives, les acci-
cents de Fampoux et de Versailles n'auraient pas eu lieu.

Enfin, les Athéniens de 89 et même les
radicaux de 93 s'inclinaient humblement
devant le génie et le travail : Talma, David.

Mais quand ils eurent proscrit les financiers français de l'époque, ils eurent le tort
de rester désarmés devant l'irruption sou-
daine des juifs de Suisse et d'Allemagne.

Quelques-uns même, comme Danton, versèrent dans l'agiotage.

Ce fut à cette époque que l'abbé de Talleyrand, évêque d'Autun, et l'abbé d'Espagnac fraternisèrent avec la Commune de Paris; mais le futur ministre de Napoléon et de Louis XVIII fut le plus habile; il sut partir à temps et éviter l'échafaud que n'évita pas son collègue, l'abbé d'Espagnac.

Nous avons vu que la nation paya cher ce bon sauvement de M. de Périgord.

L'Empire fut une réaction très-rigide; un seul génie dominait : celui de la guerre.

Malgré la corruption des fournisseurs, il y avait encore une sorte de grandeur, et les utilités pouvaient saillir de la foule.

Mais dès que la haute banque coalisée se fut emparée du pouvoir, après avoir fait

tourner à son profit l'audace populaire
contre les rois, et dès que le peuple, do-
miné à son tour, commit la faute de ne pas
appliquer d'une façon constante la maxime
de Machiavel, en laissant *la force aux
mains de ses ennemis*, cette même banque
qui, par le roi, avait rançonné l'État, trouva
beaucoup plus simple de rançonner l'État
directement.

Dès lors les rois ne furent plus un rayon
qui couvrait la banque, mais un nuage qui
la cachait.

Dès lors aussi ce fut fini pour la dignité
des caractères, et s'il fallait rechercher à
quoi la haute finance a su contraindre les
gloires artistiques et littéraires qui ont brillé
depuis 1814, s'il fallait énumérer toutes les
capitulations de conscience qui ont suivi les
capitulations de Paris, l'imagination effarée

secouerait ses ailes, se hâtant d'échapper ainsi au plus effroyable des rêves.

La Haute Banque avait tout sous sa dépendance; avec l'esclavage financier arrivait l'avilissement des âmes.

Rois et peuples marchèrent si hardiment vers cet avilissement qu'aux grandes victoires de la première République il a fallu ajouter la grande défaite de 1870.

Et pourtant les prôneurs du bien-être matériel, des progrès de l'industrie, obtiendraient un facile triomphe en comparant la vie aux deux époques.

Mais à coup sûr ils seraient obligés d'omettre, dans leur comparaison, cette différence profonde qui séparera toujours 92 de 70, c'est-à-dire que là c'était le réveil du patriotisme dédaignant le sybaritisme, tandis qu'ici c'était l'assoupissement de toute aspiration généreuse pouvant jeter l'homme hors de l'aisance et du confort.

Tous les gouvernements, depuis 1814, avaient tendu à l'asservissement de la vie, alors que c'est à son indépendance seule qu'on doit la grandeur des caractères.

Les mœurs elles-mêmes, si policées qu'elles soient, ont perdu cette forme exquise qu'elles revêtaient dans les époques où l'esprit régnait sur la matière.

La Haute Banque d'aujourd'hui, produit du croisement des vautours étrangers et des éperviers français, a abdiqué toute politesse, écrasant, d'ailleurs, l'esprit de tout le poids de son or dédaigneux.

Quelquefois pourtant elle a reçu de hautaines leçons ; quelques-unes ont été fort dures.

En voici un exemple :

Un roi de la finance recevait à dîner vers la fin de la moitié de ce siècle un prince de l'aristocratie germanique.

Ce prince s'appelait Paul de W...

Tous deux appartenaient à la patrie allemande.

Vers le milieu du repas, l'amphitryon, bouffi de ses écus, s'imagina avoir le droit d'être tout à coup familier, et sans plus de façon, se prit à n'interpeller le prince que par son prénom.

Un républicain aurait dit au moins : citoyen... un tel.

Mais le financier dédaigna jusqu'au terme de : Monsieur.

— Paul, lui dit-il, puis-je vous offrir de ce Château-Yquem ?

A la première interpellation, le prince releva la tête, puis la tourna à gauche, et n'apercevant que son chasseur, debout derrière lui pour son service, se remit à manger.

L'imperturbable baron recommença :

— Paul...

— Holà ! maroufle, s'écria le prince en se levant et se tournant vers son domestique, n'entends-tu pas que monsieur le baron te parle ?

Et, quittant immédiatement la table, il sortit de l'hôtel.

Le financier resta penaud un moment ; mais bientôt, son aplomb lui revenant :

— « Pah ! pah ! dit-il, ch'ai de l'archent : il refiendra ! »

Avoir de l'argent !

Tout était là et tout est là.

N'importe comment, n'importe d'où, il faut avoir de l'argent.

Et quand un pauvre diable de cocher, ayant trouvé dans son fiacre un portefeuille de millionnaire, oublié par un de ces rois de l'or, s'empressera de venir le lui rapporter, ce roi répondra :

— « Qu'on donne 500 francs à cet imbécile ! »

Ce dédain de la loyauté humaine est descendu rapidement de la finance au peuple, et à son tour celui-ci ne veut croire à aucun des bons mouvements qui se manifestent parfois, rarement, hélas ! parmi les financiers.

Et l'on s'étonne quand, aux heures de ses déchaînements, le peuple obéit aveuglément aux rancunes et aux haines qui gonflent sa robuste poitrine au point de la faire éclater !

Nous allons donner un exemple du

scepticisme qui, par un juste retour, s'est emparé du prolétaire; et à ce sujet nous avons encore à citer M. de Rothschild.

Si ce nom revient souvent sous notre plume, c'est que l'immense personnalité qu'il recouvre résume et condense en elle seule toutes les flagorneries du monde financier.

C'était en 1846.

Les récoltes avaient été mauvaises et les hauts banquiers, redoutant la famine, sentaient, d'instinct, venir la colère du peuple exaspéré.

Parmi eux, M. de Rothschild (dont le fils n'était pas encore naturalisé, précaution qui ne date que de 1848, après la protection de Caussidière) était le plus exposé aux menaces du prolétariat ; celui-ci, en effet, tenait rancune au baron aussi bien de l'accident du chemin de fer du Nord que des énormes bénéfices qu'il ne cessait de réaliser en bourse.

Le baron essaya de conjurer le sinistre.

Il donna des ordres pour qu'on fît en son nom, sur tous les marchés d'Europe et d'Amérique, d'immenses approvisionnements de grains.

Les blés et les farines devaient être vendus à la halle de Paris, *au-dessous* du cours et, après déduction des frais, le produit net devait être converti en bons de pain, destinés à être répartis entre les familles nécessiteuses de chaque arrondissement.

Une boulangerie spéciale, établie à la Chapelle Saint-Denis, devait fournir les pauvres à raison de 15 centimes de rabais par pain de quatre livres.

Cette grande opération de bienfaisance fut réalisée et annoncée à grand bruit.

Qu'arriva-t-il?

Le peuple ne voulut pas plus croire à la loyauté du banquier que celui-ci n'avait cru à la sienne, et cria à l'accaparement.

« Prenez garde, répétait-on chaque jour, son pain n'est pas du pain ; sa farine n'est pas de la farine : c'est du son, c'est du plâtre, c'est du verre pilé mêlé d'arsenic !

Ces divagations du peuple se lisaient dans les journaux.

Le *National* imprimait : que le baron «noyait sa farine dans les sueurs du peuple» ; ce qui, ajoute un écrivain du temps, devait fournir, il faut l'avouer, un pain vraiment détestable.

On alla même jusqu'à répéter une bourde effroyable.

Le baron, disait-on, faisait venir des farines avariées, qu'on lui livrait à très-bas prix, et dont il dissimulait la mauvaise qualité en les mélangeant avec des *amandes douces!*

Et les malheureux, qui croyaient cela, ne songeaient pas que le prix des amandes douces est trois fois plus élevé que celui de la farine !

Mais le peuple ne calculait pas.

Les fameuses amandes douces pesèrent plus qu'on ne croit dans la révolution de février.

Le financier avait atteint le but opposé à celui qu'il désirait; il voulait conjurer la crise, il la précipitait.

Son désintéressement, sincère matériel-

lement, sinon moralement, puisqu'il ser-
vait à écarter un danger, fut appelé agiotage, spéculation !

Le banquier, du reste, commit une nouvelle maladresse qui acheva d'égarer le
peuple.

Les membres du bureau de bienfaisance
l'ayant informé qu'un grand nombre de
pauvres du 12e arrondissement n'avaient
pas même de matelas et couchaient sur la
terre nue, le charitable israélite se hâta de
leur envoyer... une charrette de paille !

La conséquence de ceci fut que l'approvisionnement philanthropique devint une
détestable opération, dans laquelle le banquier ne trouva même pas ses frais généraux ; il y perdit donc une somme considérable.

Cette perte entra pour beaucoup dans

son refus d'opérer les versements complé-
mentaires de l'emprunt de 1847, que nous
avons étudié précédemment.

Ainsi : charité, philanthropie, {dignité,
tous les beaux sentiments sont tués par le
règne de la finance.

Le travail est opprimé, l'artiste vassalisé,
l'écrivain gagé, l'industriel embrigadé, le
négociant rongé, le peuple dévoré.

Avilissement ! avilissement !

———

IV

UTOPIES

Toutes les fois qu'en politique, en morale, en science, en art, on ose publiquement affirmer l'impérieuse nécessité d'une réforme radicale, immédiatement la routine s'éveille, l'*ordre* établi s'effare, et mille voix crient au novateur :

Utopies ! Utopies !

Et cependant ce novateur, ce hardi, cet

oseur, n'est, le plus souvent, qu'un simple écho redisant, après mille autres, la plainte éternelle des opprimés de l'éternelle routine.

Utopie! avait dit la routine au Christ, qui amplifiait Confucius et Platon ;

Utopie! avait-elle dit aussi à Laurent Coster, à Gutenberg et à ses collègues, qui mêlaient l'impression tabellaire chinoise aux caractères mobiles de Cicéron ;

Utopie! à Papin, qui ajoutait les chaudrons de Zénon à l'éolipyle d'Héron d'Alexandrie.

La nomenclature serait inépuisable ; enjambons les siècles.

La routine avait aussi traité d'utopistes :

L'ami de Montaigne, Étienne de la Boétie, qui, dès 1548, traçait à l'avance, dans le *Contr'un* toutes les plaintes formulées en détail en 1789 et toutes celles que nous avons à répéter en 1876.

Sully, Colbert, Terray, Turgot, furent des utopistes, et ceux qui démontrèrent *victorieusement* ce fait s'appelèrent Fouquet! Law! Necker! Calonne!

Et de tous ces contrastes et de toutes ces contradictions une seule chose est ressortie :

L'éternité de l'abus.

Tous les réformateurs sont morts de leurs réformes, et si on leur dressa des statues, ce fut avec les cendres de leurs idées.

Tel est l'encouragement des siècles.

Pourquoi s'étonner?

La cause est si naturelle !

Il est clair que les bœufs, cherchant à se défendre du tigre ou du lion, sont de purs utopistes au dire de ce lion et de ce tigre.

Parfois néanmoins les bœufs se forment en carré et offrent à l'ennemi une muraille impénétrable.

Mais cela dure à peine une république, c'est-à-dire, comme on sait, une seconde au cadran de l'histoire.

Je ne serai donc nullement surpris lorsque, ayant démontré que depuis soixante ans, nous sommes rongés par l'ulcère du jeu clandestin et malhonnête, lorsque surtout demandant et l'application du fer rouge à la plaie et l'irruption d'un rayon de soleil dans l'antre noir de la bourse, la routine me criera dans un immense rugissement léonin :

Utopies ! Utopies !

Après les *crieurs* viendront les *écriveurs*.

Les savants en *us* et en *x* qui, par an-

tiphrase, s'appellent économistes s'efforce-
ront de démontrer par A + B :

Que plus une nation est imposée, plus
elle est riche ;

Que plus un État emprunte, plus il est
opulent ;

Que les ressources d'un État sont inépui-
sables ;

Que l'impôt est le meilleur des placements et un stimulant pour l'idustrie ;

Que l'enrichissement rapide de l'individu
est un principe de cohésion et non de dés-
agrégation ;

Que richesse et bien-être sont syno-
nymes.

Autant de propositions, autant de men-
songes.

De l'histoire douloureuse que nous ve-

nons d'écrire il appert amplement que :
patriotisme et *finance* sont des mots, sinon
des antithèses, et qu'il n'y a de réel en
politique que la *lutte des intérêts* ou, si l'on
veut, la bataille des égoïsmes.

Mais on peut diriger une bataille et il est
possible d'entraîner une lutte, à la condition de les saisir, non dans leurs unités,
mais dans leur masse.

Pour arriver à ce but, avant la violence il
y a la force pacifique de la loi.

C'est donc par une loi qu'on pourra dis-
cipliner les égoïsmes et faire servir au
bien-être de tous les tendances exclusives
de quelques-uns.

Or j'ai parlé plus haut du jeu et de son
organisation légale.

Ici, au reproche d'utopie on ne man-
quera pas d'ajouter celui d'immoralité.

Je ne sache pas qu'il soit plus immoral de réglementer le jeu lorsqu'on ne peut le supprimer, que d'endiguer un torrent lorsqu'on ne peut l'arrêter.

Tel qu'il existe, malgré la loi, le jeu égare l'épargne publique, la concentre dans quelques mains, l'exporte à l'étranger, tout comme le torrent qui traverse le champ entraîne la terre et détruit la récolte.

Il ne s'agit donc pas de supprimer le jeu, mais de le diriger, de l'endiguer, de le canaliser, et même de moraliser son immoralité.

Au fond, si la spéculation de bourse était honnête, elle ne serait pas plus immorale que l'assurance, le prêt à grosse aventure, la rente viagère, qui sont des contrats aléatoires reconnus et régis par le Code.

Pourquoi donc faire des distinctions?

Pourquoi surtout dresser le formidable reproche d'immoralité contre toute lumière jetée sur les opérations aléatoires de la bourse, où tout est noir et où l'anonymat du titre ne sert qu'à épaissir les ténèbres du trafic?

Si j'étais gouvernement, si, par conséquent, je ne pouvais nier que, bien avant chacun de mes administrés, je connaisse les causes qui doivent influencer le cours dès fonds publics, en admettant même que mon pouvoir ne me donnât pas la faculté de les créer à volonté, je voudrais échapper à tout prix à l'accusation — plus formidable cent fois que celle d'immoralité — d'opérer à coup sûr, bénéficiant de ma prescience motivée ou de ma puissance constatée, pour m'approprier l'argent d'autrui.

Examinons pourtant si toute légalisation est impossible.

Dans les contrats aléatoires, que nous venons d'énumérer plus haut, il existe une condition qui en a rendu la légalisation possible.

Cette condition est celle-ci, à savoir :

Que les aléas, leur servant de base, sont au-dessus de l'intervention de l'habileté humaine, et que cette habileté même est qualifiée crime. Tels sont les contrats d'assurance contre l'incendie, sur la vie, et la rente viagère, dont un crime seul peut dominer l'aléa ; ensuite, dans un autre ordre d'idées, le prêt à grosse aventure, où le dol entraîne une grave pénalité.

Si donc, en ce qui concerne les autres contrats aléatoires, c'est-à-dire le pari, qui les embrasse tous, on arrive à mettre au-

dessus de l'intervention des habiles —
tranchons le mot, des escrocs — l'aléa qui
en est l'essence, on l'aura fait rentrer dans
les conditions de légalisation plus haut
.citées.

Or, afin d'échapper à cette autre accusation jetée à tout critique et à tout novateur qu'on qualifie de démolisseur et jamais
d'architecte; au risque, enfin, d'être appelé utopiste, voici comment il nous paraî-
trait logique d'organiser la législation du
grand jeu financier.

Tout d'abord on établirait une démar-
cation profonde entre les opérations à terme
et les opérations au comptant.

Pour les rentes sur l'État, par exemple,
il suffirait de rapporter la loi de 1831, qui
a créé les titres au porteur.

Mais il faudrait, néanmoins, que leur

transmission et leur livraison fût aussi facile que celle d'une marchandise que l'on délivre sur facture timbrée; cette facture, dressée en double, tiendrait lieu de procuration et constaterait l'identité du nouveau détenteur.

De cette façon, le marché au comptant s'affranchirait d'un seul coup de toutes les oscillations de la spéculation aléatoire, et ne représenterait plus que le mouvement naturel des placements sérieux et de l'amortissement.

D'un autre côté, il serait créé des titres anonymes, ne donnant aucun droit à la perception des revenus, destinés seulement à représenter les différences, et qu'on pourrait appeler : *bons d'échange.*

Ces bons, analogues aux billets de la banque de France, seraient émis en coupures de tout ordre pour la plus grande facilité des payements, et ne seraient valables que pour un temps déterminé, d'une liquidation à l'autre, par exemple.

Ils seraient acquis moyennant une surtaxe de x p. 100 en sus de leur valeur nominale, et seraient toujours échangeables contre leur valeur intrinsèque au pair, en argent ou en rentes.

Par exemple, en admettant une surtaxe de 3 p. 100, l'acquéreur d'un bon de 100 francs payerait en le prenant 103 francs. Mais lorsqu'il ferait l'opération inverse, c'est-à-dire lorsque, restituant le bon, il redemanderait, en argent ou en titres à revenus, sa valeur intrinsèque, il ne recevrait plus que 100 francs.

Il n'y aurait aucun inconvénient à ce que les agents de change fussent les intermédiaires de cette nouvelle émission; l'État leur céderait les bons avec une remise qui représenterait leur courtage.

Enfin, pour assurer l'exécution fidèle de la loi, l'État exigerait, de tous agents ou courtiers, le dépôt préalable d'un cautionnement, contre remise d'une somme équivalente de bons susdésignés. Inutile d'ajouter que tous les règlements de liquidation ne seraient valables qu'ayant été opérés à l'aide de ces bons.

Une sanction pénale compléterait la législation à cet égard.

La même organisation pourrait être appliquée à toutes les autres opérations aléatoires où le jeu s'effectue à l'aide de différences, en tenant compte, toutefois, des variantes que comporterait la nature desdites opérations.

C'est à ce système (si l'on veut bien donner ce nom à la combinaison que nous venons d'exposer) que répond le calcul plus haut indiqué.

Mais le chiffre annuel de *deux milliards et demi*, revenant à l'État, n'est basé que sur les seules opérations de jeu pratiquées à la bourse.

Et il n'a rien d'extraordinaire puisque, nous le répétons, si 12 centimes et demi (1/8 p. 100) donnent aux agents 100 millions de courtages annuels, c'est qu'annuellement aussi la somme des enjeux nominaux s'élève en bourse à *quatre-vingts milliards !*

Or c'est là une proportion rigide et indiscutable comme toute déduction obtenue mathématiquement.

Voilà donc comment, selon nous, se

trouverait tout à coup moralisé le jeu actuel, assurément le plus déplorable et le plus ruineux, surtout quand il se porte sur les fonds d'État et sur les valeurs à monopoles comme le sont les actions de chemins de fer.

L'actionnaire et l'obligataire, porteurs naïfs et, le plus souvent, ignorant leurs véritables intérêts, ne seraient plus à la merci de l'agioteur habile, sorte de prestidigitateur, qui les ruine sans qu'ils s'en doutent, sans qu'ils puissent se défendre, ni même se plaindre.

Enfin, en isolant le titre de placement du titre de spéculation, on rendra impossible la formation d'assemblées générales fictives, composées, le plus souvent, de joueurs de passage, qui n'ont aucun intérêt sérieux à sauvegarder le capital social.

16

D'autre part, le joueur pourrait satisfaire sa passion, sans désorganiser l'épargne et le crédit public.

Le travail ne serait plus rançonné et dépouillé par l'oisiveté.

Enfin l'État percevrait la plus proportionnée et le plus équitable des taxes, le seul impôt vraiment somptuaire, ce rêve de tous les économistes et le seul véritablement populaire, ce rêve de tous les gouvernements.

Avec cet impôt il arriverait promptement à amortir la dette publique, et à constituer une réserve considérable qui, en cas d'urgence, l'affranchirait de tous les fracas et de toutes les dilapidations usuraires qui accompagnent les emprunts.

Alors, une foule de problèmes deviendraient solubles, et en première ligne :

Le rachat de chemins de fer.

C'est-à-dire, pour l'État, son affranchissement définitif de la tyrannie de ces immenses associations d'avidités qu'on appelle des compagnies d'utilités publiques, et, pour les contribuables, une double sécurité, assurément toute nouvelle pour eux ;

Ensuite on s'occuperait d'organiser l'instruction publique ;

Cette réforme semble être la plus redoutée par les financiers.

Il m'apparaît certain, en effet, que s'ils ne la craignaient pas, ils auraient depuis longtemps créé, sur l'instruction volontaire, des primes d'encouragement tout aussi lucratives que leurs primes d'assurances.

Comment ! l'ingéniosité financière a su trouver un gain, même sur l'extinction de la vie, et elle aurait été impuissante à découvrir un profit sur le tisonnement des intelligences?

Nous ne pouvons lui faire une telle injure.

Mais nous affirmons que, si la haute finance avait déployé, pour l'instruction populaire, la même énergie que celle qu'elle a concentrée sur la désorganisation de la richesse nationale, nous n'aurions pas à dresser certaines cartes où les couleurs sombres heurtent si effroyablement le regard.

Le suffrage universel, cette vaste obscurité, deviendrait un immense éclair, mais le règne des financiers serait fini.

Et voilà pourquoi, justement, comme je l'ai dit le premier, ce chapitre est une utopie!

N'importe, continuons de secouer la torche.

Nous avons avancé plus haut qu'un des bienfaits d'un système financier basé sur la légalisation des contrats aléatoires de la bourse et des marchés publics, serait d'aboutir à la suppression définitive des funèbres opérations d'*emprunt*.

Supprimer les emprunts !

Jamais assurément plus énorme utopie n'aura frappé les oreilles de messieurs de la haute banque.

Hé bien ! ne leur en déplaise, outre le bénéfice d'un allégement des charges publiques, cette suppression produirait un avantage inattendu au point de vue international.

Il est malheureusement vrai que, tant qu'elle vivra au milieu d'une Europe monarchique et autoritaire, la France ne pourra pas donner le signal du désarmement.

Et s'il fallait désarmer à tout prix, ce serait bien le cas de répéter le mot célèbre du jardinier-fleuriste, qui fut Alphonse Karr :

Que messieurs les assassins commencent !

Or, avec le système actuel, et avec la pénurie constante et constatée du trésor, dès qu'il faut armer, l'État commence par emprunter.

Alors de deux choses l'une :

Ou il veut emprunter en silence ;

Et, dans ce cas, il est à la merci de la haute banque coalisée, ce qui est le pire des coupe-gorges, ainsi que notre histoire l'a suffisamment démontré, et ce qui ne lui assure même pas le silence désiré ;

Ou il emprunte publiquement;

Et dans ce second cas, outre qu'il n'évite pas le coupe-gorge ci-dessus, ainsi que la même histoire l'a prouvé, il dénonce, comme par une note diplomatique, la manœuvre ou la précaution qu'il veut cacher :

1870 !

Or, armer en silence, quand on y est forcé, c'est-à-dire cacher les sommes pour dérober les hommes aux yeux de l'ennemi, c'est la moitié de la victoire :

1870 !

Enfin, pour terminer la série de nos utopies, occupons-nous d'une autre armée, sans cesse redoutée et surveillée par les *conservateurs*, et néanmoins, par eux, toujours exclue de la *conservation*.

Je veux parler de l'armée du travail, disons le mot : de la *question sociale*.

Autre épouvantail.

Hé bien ! par la rupture formelle de toute liaison directe entre le marché au comptant et le marché à terme, nous arriverons pour celle-ci à une solution inattendue.

Cette rupture, en consolidant la valeur réelle des titres représentant la participation publique et sincère à une entreprise d'initiative privée, industrielle, commerciale ou autre, faciliterait d'une manière merveilleuse l'accession du travailleur à la capitalisation de son travail, laquelle est l'espérance de sa vieillesse.

Accumuler du travail pendant la période de sa validité, pour l'étendre par un service plus lucratif, ou pour en vivre pendant la période de son invalidité, tel est, pour la fourmi comme pour l'homme, le rêve probe et prévoyant de l'avenir.

Tous les ouvriers ont ce rève en permanence.

On ne leur a jamais permis de le réaliser sérieusement.

Or, il n'est pas une seule de nos sociétés de crédit, d'industrie ou de commerce, et même de banque *pure,* si l'on peut se servir de cette épithète pour qualifier la finance spéciale, qui n'ait à ses ordres une masse considérable de ceux qu'on est convenu d'appeler prolétaires, — sans doute parce que leur seule fonction est de prolifier... pour leurs patrons.

Ces sociétés répandent à profusion l'argent ou les titres parmi certains ouvriers de la plume, devenus très-peu impartiaux depuis cette pluie d'or.

Je ne voudrais pas faire de personnalités actuelles, mais il est de notoriété publique que, sous la monarchie de juillet, le procédé inventé par M. Aguado, marquis de Las Marismas, était en pleine floraison.

Nul n'ignore, par exemple, que le docteur Véron avait *exigé* de M. de Rothschild *cent soixante* actions du chemin de fer du Nord, un peu avant l'accident de Fampoux, demeuré célèbre.

M. de Rothschild eut l'imprudence de réduire le chiffre à *cent vingt*.

Mais, aussitôt, *Mimi* tonna du plus haut de son *Constitutionnel*, tant et si bien que le baron dut s'incliner et expédier au plus vite les *quarante* actions qui manquaient à l'appel.

De nos jours le procédé s'est fort perfectionné, et les hommes de finances, qui tiennent une plume, disent très-nettement que, tant qu'il y aura des loups-cerviers, rogner leur portion et leurs ongles sera faire œuvre pie, et que, d'ailleurs, leur silence comme leur éloquence seraient uniformément soupçonnés, tant la chose est entrée dans les mœurs, et tant le siècle croit peu au désintéressement ;

Qu'enfin, être désistéressé avec la haute banque serait être sa dupe.

Soit.

Mais à un titre différent et plus légitime, en attendant la réforme de ces mœurs étranges, — autre utopie, — il serait opportun, profitable et plus juste à la fois, de donner aux collaborateurs manuels, comme aux plumitifs, une part d'intérêt à l'œuvre commune.

En somme les ouvriers sont des actionnaires.

Au lieu de libérer leur apport grâce à un travail antérieurement accumulé, ils le libèrent actuellement et journellement grâce à un travail successif, — accumulation future par conséquent.

Or, le salaire n'est qu'un escompte partiel et mal calculé.

Pourquoi donc ne pas affecter aux ouvriers, collaborateurs, employés, etc., un certain nombre d'actions dont les dividendes seraient, en partie, distribués proportionnellement aux salaires, et en partie accumulés comme pension de retraite.

Il y a là un calcul des plus élémentaires et des plus équitables.

On m'objectera que plusieurs institutions ont établi des participations.

Mais ces institutions procèdent par *retenue* sur les salaires.

Elles escomptent un escompte !

Elles *déduisent* d'une *insuffisance fixe*.

C'est donc une *réduction* et non un *avantage*.

Un dividende varie, il est vrai ; mais l'ouvrier contribue à cette variation par son activité plus ou moins grande.

L'intéresser à la prospérité de l'œuvre commune, lui montrer son chiffre, non arbitrairement fixé pour lui, mais agrandi ou diminué par son concours et, dans tous les cas, *commun* à ses patrons comme à lui, suivant des proportions faciles à établir, ce serait à la fois une justice satisfaite et une émulation doublée.

Et enfin je compte bien qu'on n'osera

pas m'opposer ici une prétendue *aggravation* du capital social.

Nous savons tous comment se fixe le capital d'une société anonyme, en participation ou autre.

Et le capital de l'ouvrier est aussi respectable que celui des autres participants.

Il n'y a entre ces capitaux que la différence qui sépare un homme fait d'un adolescent.

Le capital-argent est un arbre chargé de fruit ; le capital-travail est un arbre encore en fleur.

Ici le fruit reviendra ; là *il* viendra.

Voilà tout.

Et puis, à toutes ces ruptures d'équilibre de l'ancienne routine on peut, dans tous les cas, ajouter une pondération, celle de l'assurance.

Les décès, les mutations, les invalidités ne sont qu'un jeu pour les calculs de l'assurance.

Mais n'insistons pas : car la matière est inépuisable, et nous avons assez accumulé d'*utopies*.

Il y a plus : nous avions annoncé une histoire du passé, et voici que nous dépassons les limites de l'avenir.

Cependant cela est logique : l'histoire est un cycle ; tout y revient éclairé d'un jour nouveau ; il est donc fort naturel de se dire :

Nous venons de là, c'est bien.

Mais maintenant où allons-nous ?

V

?

Oui, maintenant où allons-nous ?

A quel sentiment faire appel ?

Il n'y a pas de désintéressement ; il n'y a pas de loyauté ; il n'y a pas de patriotisme.

Une seule chose est éternelle : la lutte des *intérêts brutaux*..., c'est-à-dire les manœuvres de la *haute banque*.

Sous divers noms elle a traversé l'humanité depuis sa plus haute origine.

17.

Le premier *intéressé brutal* fut, selon la Genèse, Caïn s'affranchissant de la concurrence d'Abel.

Seulement aujourd'hui Caïn est sans remords.

Le veau d'or, les marchands du Temple ; les patriciens de Rome, les raffinés de Périclès : haute banque.

Puis avançant dans les perfectionnements séculaires :

La féodalité, le clergé et l'ancienne papauté, qui faisaient et défaisaient les rois : haute banque.

De son côté, le peuple, volcan toujours étouffé, jetait çà et la quelques flammes :

La première de l'ère chrétienne fut le Christ ; la seconde : Luther ; la troisième : Voltaire.

Puis vint la grande éruption.

A ce moment, l'ancienne haute banque, le clergé, s'effondre, étant dépouillé de sa force, — c'est-à-dire de ses biens, — mais la banque moderne prend les deux, lui succède et l'englobe.

Avec elle plus de formalisme : là où le clergé séduisait ou fanatisait les âmes par le merveilleux divin, la haute banque moderne les achète et les paye avec le positif humain.

Religion ! principes ! mots ridicules avec lesquels on a ensanglanté, entre autres *années terribles*, 1572, 1682, 1793 et 1852.

Cest-à-dire :   La Saint-Barthélemy,

La Révocation de l'édit de Nantes,

La Terreur rouge,

La Terreur verte ;

C'est-à-dire encore : le triomphe du

poignard, du sabre, de la guillotine et des balles de plomb.

On remarquera néanmoins que plus on avance dans les siècles, plus les dates se resserrent ; ce qui est une menace.

Or l'histoire, dans ces dates périodiques, nous révèle clairement le mode éternel d'après lequel s'arrondit l'évolution humaine.

Prenons les deux époques les plus symptomatiques :

1572 ? première révocation de la démocratie.

1793 ? dernière révocation de la féodalité.

Ici et là, même marche, mêmes effets :

1572 : conversions simulées, massacres ordonnés, confiscations opérées.

1793 : prêtres assermentés, massacres légalisés, séquestres pratiqués.

Seulement là-bas, c'était le roi contre le peuple : tarissement du travail, donc ruine irréparable.

Mais ici, c'était le peuple contre les rois : proscription de l'oisiveté et du parasitisme, donc amélioration possible.

Mais l'aristocratie, vaincue par la haute banque, rentra dans ses rangs par les alliances et fit dès lors cause commune avec elle; aussi les révolutions ont-elles procédé, depuis, par bonds sauvages, soudain alourdis et toujours paralysés par l'argent.

La corruption, qui avait dompté les anciennes résistances, fut appliquée à tout révolutionnaire saillant.

Dès lors, toute réforme devint utopie, tout avilissement, habitude.

Ce fut fini !

O *Paul-Louis Courier*, notre maître ! toi qui as écrit :

« La France est un peuple de valets, »

Que dirais-tu aujourd'hui ?

Que répondrais-tu à qui te demanderait : Où allons nous ?

On nous a reproché, sais-tu bien, d'avoir fait une révolution sous le feu de l'ennemi.

Quelle est donc cette révolution, dirais-tu, puisque la haute banque est encore si régnante, si vivante, si énorme, qu'elle vient de tuer la Turquie, qu'elle est en train d'égorger l'Égypte, et que nous-mêmes, la France, nous saignons encore du contre-coup ?

Dieu puissant ! qui donc arrachera la République aux mortelles étreintes de ces vampires ?

TABLE

LE POINT DE DÉPART.

LA MARCHE ASCENDANTE.

FIN DE LA TABLE.

Paris. — Imprimerie Arnous de Rivière et Cᵉ, rue Racine, 26.

www.ingramcontent.com/pod-product-compliance
Lightning Source LLC
Chambersburg PA
CBHW050510270326
41927CB00009B/1971